KLASSENARBEITEN

Deutsch 7. Klasse

Dirk Wegner

STARK

Bildnachweis
Umschlag: © Aintschie - Fotolia.com
© Fotolia.com: contrastwerkstatt (S. 18), A. Seifert (S. 28), Friedberg (S. 35), Kathrin39 (S. 46), Mariia Pazhyna (S. 54), froxx (S. 62), elenarostunova (S. 71), lightpoet (S. 81), bilderstoeckchen (S. 82), kim (S. 89)
S. 19: mengel/sxc.hu
S. 33: alpha ventus/DOTI, 2009 (Matthias Ibeler)
S. 41: AREVA Multibrid/Jan Oelker 2010
S. 117: bpk/Alfredo Dagli Orti

www.stark-verlag.de
1. Auflage 2011

Inhalt

Autor: Dr. Dirk Wegner

Vorwort

Liebe Schülerinnen, liebe Schüler,

jeder Pilot muss jährlich eine Mindestanzahl an Flugstunden absolvieren. So weist er nach, dass er das Fliegen regelmäßig geübt hat. Viele Piloten benutzen zum Üben einen Flugsimulator, in dem sie den **Ernstfall trainieren** und sich auf mögliche Probleme während des Flugs **vorbereiten**.

Was hat das nun mit dir, mit dem Fach Deutsch und diesem Buch zu tun?

Ganz einfach: Auch im Fach Deutsch wirst du nur erfolgreich sein, wenn du **regelmäßig übst** und dich auf Tests und Klassenarbeiten gut vorbereitest. Dieses Buch ist gewissermaßen dein Flugsimulator: mit ihm kannst du dich auf die Prüfungssituation einstellen und herausfinden, in welchen Bereichen du noch Fehler machst. Wenn du diese Bereiche gezielt übst, kannst du dich systematisch auf die nächste Klassenarbeit in der Schule vorbereiten. In der **Einführung**, die sich unmittelbar an dieses Vorwort anschließt, findest du nähere Informationen darüber, wie du mit diesem Buch arbeitest.

Ich wünsche dir, dass dir die Tests und Klassenarbeiten in diesem Band helfen, ein guter „Deutsch-Pilot“ zu werden und Bruchlandungen möglichst zu vermeiden!

Liebe Eltern,

es ist bekanntlich noch kein Meister vom Himmel gefallen – wohl aber ein Pilot ohne ausreichende Flugerfahrung. Üben macht tatsächlich den Meister, und eine gute Vorbereitung kann einen „Unfall“ vermeiden helfen – auch bei Klassenarbeiten in der Schule.

Aus diesem Grund ist es so wichtig, dass Ihr Kind gezielt für das Fach Deutsch übt. Dabei können Sie ihm helfen, indem Sie den notwendigen **Rahmen** dafür bereitstellen: einen möglichst ruhigen Raum, einen eigenen Schreibtisch (ohne PC und Telefon) und genügend Zeit, um sich in die Aufgaben hineinzudenken und sie in Ruhe zu lösen.

Bei der **Vorbereitung und der Nachbereitung** der Arbeiten in diesem Buch können Sie Ihr Kind unterstützen, wenn es das möchte; gerade die gemeinsame Nachbesprechung der Lösung kann sehr wertvoll sein. Wichtig ist aber, dass Ihr Kind die Aufgaben **selbstständig** löst, schließlich muss es die Klassenarbeiten in der Schule auch ohne Ihre Hilfe bearbeiten.

Bitte seien Sie sich stets bewusst, dass es sich bei den **Musterlösungen** in diesem Buch um vorbildliche Texte handelt, die Ihr Sohn oder Ihre Tochter sorgfältig untersuchen sollte, um herauszufinden, was einen guten Text ausmacht. Zugleich zeigen die Musterlösungen aber stets nur **eine von vielen Möglichkeiten**, einen guten Text zu schreiben. Das heißt: Auch wenn der Aufsatz Ihres Kindes stark von der Musterlösung abweicht, kann er trotzdem sehr gut sein. Und auch wenn ich mich bemüht habe, Ihrem Kind mit der Bewertungstabelle ein sinnvolles Mittel zur **Selbsteinschätzung** an die Hand zu geben, kann nur ein Fachmann, also der Deutschlehrer Ihres Kindes oder ein Nachhilfelehrer, Stärken und Schwächen des jeweiligen Textes präzise einschätzen.

Ein Pilot kann nur dann ein Flugzeug sicher führen, wenn er konzentriert und systematisch trainiert und sich sorgfältig auf seine Flüge vorbereitet – über Wochen, Monate und Jahre hinweg. Auch im Fach Deutsch bedarf es der Geduld und der Bereitschaft, rechtzeitig und regelmäßig zu üben. Mit jedem Erfolg wächst das Selbstvertrauen und damit auch der Spaß an der Arbeit.

Ich wünsche Ihnen, dass Ihr Kind mit diesem Buch die nächsten Klassenarbeiten erfolgreich absolviert und an Sicherheit und Freude beim Schreiben gewinnt.

Dr. Dirk Wegner

Einführung

1 Wie ist dieses Buch aufgebaut?

Du findest in diesem Buch 14 Tests und acht Klassenarbeiten, die in etwa so schwierig sind und ungefähr die gleiche Bearbeitungszeit benötigen wie in der Schule. Die Aufgaben prüfen diejenigen Wissensbereiche ab, die für das jeweilige Thema besonders wichtig sind.

Jeder Test und jede Klassenarbeit besteht aus **drei Teilen**: der Aufgabe, dem Lösungsvorschlag und der Bewertung. Die **Aufgabe** beinhaltet immer eine Arbeitsanweisung und eine Zeitvorgabe ( ). Je nach Aufgabentypus kann sie auch einen oder mehrere Text(e) sowie Anmerkungen dazu enthalten.

Der **Lösungsvorschlag** untergliedert sich bei den Klassenarbeiten in folgende Bereiche:

- *Die Aufgabenstellung erschließen:* Diese Angaben helfen dir dabei, zu überprüfen, ob du die jeweilige Aufgabenstellung richtig verstanden hast.
- *Zeiteinteilung:* Die Zeitvorgaben geben dir einen Anhaltspunkt darüber, wie viel Zeit du für Vorarbeiten (Stichwörter, Gliederung), Niederschrift und Korrektur deines Aufsatzes einplanen solltest.
- *Tipps für deinen Aufsatz:*
  - *Vorgehensweise:* Hier werden die Arbeitsschritte dargestellt, die zur Bearbeitung der Aufgabe sinnvoll sind.
  - *Sprache:* Neben dem richtigen Tempus werden spezifische sprachliche Merkmale genannt, die du beachten solltest.
- *Schreibplan:* Bevor du deine Lösung aufschreibst, solltest du deine Gedanken in einem Schreibplan stichpunktartig festhalten und sinnvoll ordnen. In diesem Abschnitt findest du auch ganz konkrete Hinweise darauf, wie Einleitung, Hauptteil und Schluss des Aufsatzes beschaffen sein müssen (Aufbau).
- *Musterlösung:* Der ausgearbeitete Aufsatz stellt jeweils eine besonders gute Lösungsmöglichkeit dar, doch gibt es auch andere sinnvolle Lösungen. Dein eigener Text kann sehr gelungen sein, obwohl er vielleicht von der Musterlösung abweicht.

Die **Bewertung** erfolgt anhand einer Tabelle mit Kriterien, die für die Beurteilung deines Aufsatzes wichtig sind. An der erreichten Punktzahl kannst du ablesen, wie gut du das bearbeitete Thema insgesamt bereits beherrschst.

2 Wann arbeitest du mit diesem Buch?

Du solltest dieses Buch zur Hand nehmen, wenn

- du in nächster Zeit eine Klassenarbeit schreibst,
- im Deutschunterricht gerade ein Thema abgeschlossen wurde und du kontrollieren möchtest, wie gut du den Stoff beherrschst, oder
- du am Ende des siebten Schuljahrs bzw. am Anfang des achten nachprüfen möchtest, was du noch kannst.

Es macht keinen Sinn, die Aufgaben zu bearbeiten, bevor du dich mit dem jeweiligen Thema gründlich beschäftigt hast.

3 Wie arbeitest du mit diesem Buch?

- *Bereite dich auf ein Thema wie auf eine Klassenarbeit vor:* Wiederhole, was du zu dem Thema weißt, das du bearbeiten willst. In den Kapiteln **Übersicht über die Aufsatzformen** und **Grundwissen** findest du wesentliche Erklärungen zu allen Aufsatzformen und Themen, die in der 7. Klasse wichtig sind.
- *Bearbeite die Aufgabe in der vorgegebenen Zeit:* Wie in der Schule solltest du auch die Tests und Klassenarbeiten in diesem Buch in dem Zeitraum bearbeiten, der am Ende der Aufgabenstellung angegeben ist. Und wie du die Klassenarbeit in der Schule nicht einfach mittendrin unterbrechen kannst, solltest du auch die Übungen in diesem Buch jeweils in einem einzigen Arbeitsgang erledigen.
- *Lies den Lösungsvorschlag durch und werte deine Lösung aus:*
  - Der Lösungsvorschlag bei den **Tests** stellt meistens die einzige richtige Lösung dar. Überprüfe deine Ergebnisse anhand der Lösungen und weise dir für richtig gelöste Aufgaben die jeweils vorgegebene Punktzahl zu. Überprüfe danach, in welchem Teilbereich du die meisten Fehler gemacht hast; diesen musst du besonders intensiv üben. In jeder Aufgabe wird in der Regel ein Teilbereich abgeprüft, der in den Lösungsvorschlägen unmittelbar bei der Aufgabe angegeben ist. Mithilfe der **Bewertungstabelle** kannst du dann feststellen, ob du das geprüfte Thema insgesamt vorbildlich (++), solide (+) oder in seinen Grundzügen (o) beherrschst oder ob du noch intensiv daran arbeiten musst (–).
  - Zur Bewertung deiner Lösungen bei den **Klassenarbeiten** solltest du die Abschnitte *Die Aufgabenstellung erschließen, Zeiteinteilung* und *Tipps für deinen Aufsatz* sorgfältig durchlesen. Beurteile anschließend anhand der **Bewertungstabelle** die einzelnen Teilbereiche deines Aufsatzes getrennt voneinander (Inhalt, Aufbau, Rechtschreibung und Zeichensetzung, Sprache). So kannst du überprüfen, was du schon gut beherrschst und wo du dich noch verbessern musst.

Erst jetzt solltest du dich mit der **Musterlösung** beschäftigen. Um deine eigenen Ideen nicht zu blockieren, solltest du die Musterlösung auf keinen Fall durchlesen, bevor du nicht selbst einen Text geschrieben und eine eigenständige Lösung gefunden hast. Arbeite die Musterlösung sorgfältig durch, damit du mithilfe der Randnotizen erkennst, warum es sich um eine besonders gute Lösung handelt. Sei dir stets bewusst, dass es auch andere sehr gute Lösungen gibt und dein eigener Text sehr gelungen sein kann, obwohl er möglicherweise von der Musterlösung abweicht. Darüber hinaus ist es sinnvoll, deinem Deutschlehrer (oder Nachhilfelehrer) deine Aufsätze zu zeigen und mit ihm zu besprechen. Er kann dir sicherlich über deine eigene Fehleranalyse hinaus wertvolle Tipps zur Verbesserung deiner Texte geben.

- *Übe die Teilbereiche, die dir noch schwerfallen:* Die Teilbereiche, in denen du die meisten Fehler gemacht hast, musst du besonders intensiv üben. Dein Deutschlehrer kann dir sicher Übungen empfehlen, die dir weiterhelfen.

Hinweis: In vielen Bundesländern werden in den Bildungsstandards Kompetenzen und Inhalte für jeweils zwei Klassenstufen angegeben (Klassen 5/6, 7/8, 9/10). Der vorliegende Band für die siebte Klasse umfasst die Themen der Klassen sieben und acht, die erfahrungsgemäß einfacher sind oder auf denen in der achten Klasse aufgebaut wird. Die in diesem Band nicht dargestellten Kompetenzen und Inhalte findest du im Band für die achte Klasse.

Übersicht über die Aufsatzformen

Verschaffe dir anhand der folgenden Kurzübersichten einen Überblick über die wesentlichen Merkmale der Aufsatzformen, die in der Regel in der siebten (und achten) Klasse besprochen werden. Du solltest dich intensiv mit einer Aufsatzform beschäftigen, bevor du die entsprechende Klassenarbeit bearbeitest.

Folgende Aufsatzformen kommen in diesem Buch vor:

- Informieren: Unfallbericht, Personenbeschreibung, Gegenstandsbeschreibung, Inhaltsangabe, Diagramme beschreiben und deuten
- Literarische Texte interpretieren: Figurencharakterisierung, Gestaltende Interpretation
- Schriftlich argumentieren

1 Informieren

Berichte, Beschreibungen und Inhaltsangaben dienen dazu, eine andere Person kurz und sachlich über einen Sachverhalt zu informieren, z. B. über einen Vorgang, einen Gegenstand oder den Inhalt eines Textes. Diese verschiedenen Textsorten weisen folgende gemeinsame Merkmale auf:

Informieren	
Sprache	▶ Sachlich, keine wertende, persönliche oder gefühlsbetonte Darstellung ▶ Wortwahl: treffende Substantive ▶ Sätze: Zusammenhänge werden durch Konjunktionen hergestellt
Reihenfolge	▶ Genaue Darstellung in einer sinnvollen Reihenfolge; Bericht: korrekte Reihenfolge der Ereignisse
Logik	▶ Verständliche Information ohne Widersprüche oder Lücken
Inhalt	▶ Die wesentlichen Tatsachen werden genannt, Unwichtiges wird weggelassen.

Spezifische Merkmale der verschiedenen Aufsatzformen findest du auf den nächsten Seiten.

Unfallbericht (Klassenarbeit 1)	
Adressat	▶ Ein Bericht richtet sich stets an eine offizielle Stelle (z. B. die Polizei oder eine Versicherung) und muss deshalb immer sachlich sein, damit jede andere Person sich ein genaues Bild machen kann (von den beteiligten Personen, vom Ort, von der Zeit, vom Hergang der Geschehnisse und von den Folgen des Unfalls).
Aufbau	▶ Einleitung: Wer, Wo, Wann, Was? (eventuell kurzer Überblick über die Folgen des Unfalls) ▶ Hauptteil: Wie? Genaue Darstellung des Unfallhergangs, korrekte Abfolge der Ereignisse ▶ Schluss: Folgen für die Personen (Personenschäden) und Gegenstände (Sachschäden) ▶ Inhaltlich-sprachliche Überleitungen zwischen den Teilen
Tempus	▶ Präteritum, Vorzeitigkeit: Plusquamperfekt ▶ Die Folgen werden im Präsens dargestellt, wenn sie sich noch bis in die Gegenwart auswirken.

Gegenstandsbeschreibung (Klassenarbeit 3)	
Adressat	▶ Manchmal wird ein bestimmter Empfänger einer Gegenstandsbeschreibung angegeben, z. B. eine Brieffreundin oder ein Brieffreund oder die Mitarbeiter eines Fundbüros. Eine Beschreibung für einen Freund darf ruhig persönliche Elemente enthalten, eine Beschreibung für das Fundbüro nicht. Wird in der Aufgabenstellung kein Adressat genannt, musst du die Beschreibung möglichst sachlich gestalten, damit jede andere Person sich ein genaues Bild von dem beschriebenen Gegenstand machen kann.
Aufbau	▶ Einleitung: Gesamteindruck, Abmessungen, Form ▶ Hauptteil: Die Reihenfolge der Beschreibung ist abhängig vom Gegenstand (und vom Adressaten): von außen nach innen (z. B. Schachtel), von oben nach unten (z. B. Statue), vom Besonderen zum Gewöhnlichen (z. B. Karnevalskostüm) ▶ Schluss: Bedeutung des Gegenstands für dich (Fazit, Würdigung)
Tempus	▶ Präsens
Tipp: Arbeite sorgfältig, aber beschreibe nicht jedes kleinste Detail, weil du sonst in der vorgegebenen Zeit nicht fertig werden kannst.	

Personenbeschreibung (Klassenarbeit 2)	
Adressat	▶ Wenn du eine Personenbeschreibung für eine offizielle Stelle (z. B. die Polizei) verfasst, musst du sie möglichst sachlich gestalten, damit jemand anders sich ein genaues Bild von der beschriebenen Person machen kann. Beschreibst du eine Person hingegen für den privaten Gebrauch (z. B. in einem Brief an eine Freundin), kannst du deinen Text persönlicher gestalten. Wird in der Aufgabenstellung nicht ausdrücklich angegeben, für wen du die Beschreibung verfasst, musst du davon ausgehen, dass sie einen offiziellen Charakter hat.
Aufbau	▶ Einleitung: Name, Geschlecht, Alter, Statur; welcher Ausschnitt ist zu sehen (z. B. gesamte Person, Kopf); ist die Person von der Seite (im Profil) oder von vorne dargestellt (Frontalansicht)? ▶ Hauptteil: Verschiedene Reihenfolgen der Beschreibung sind möglich: a) einfach: Von oben nach unten, das heißt vom Kopf bis zu den Füßen. b) menschliche Wahrnehmung: Gesicht – Körper – Kleidung – Details. Dieser Aufbau entspricht der Reihenfolge, in der wir fremde Personen wahrnehmen. c) anspruchsvoll: Überblick – Haltung – Gesicht – Körper – Kleidung Die Bereiche des Körpers, die zusammengehören, wie z. B. Augenform, Augenfarbe und Augenbrauen, musst du auch gemeinsam beschreiben. ▶ Schluss: Zusammenfassung der Ergebnisse, Wirkung der Person auf dich (mit Begründung)
Tempus	▶ Präsens
Tipp: Je nach konkreter Aufgabenstellung kann es sinnvoll sein, nicht nur das Äußere der Person zu beschreiben, sondern auch Eigenschaften und Charakter.	

<table>
<tr><th colspan="2">Inhaltsangabe (Klassenarbeit 4)</th></tr>
<tr><td colspan="2">In einer Inhaltsangabe muss die in der Textvorlage geschilderte Handlung knapp, genau und sachlich mit eigenen Worten wiedergegeben werden.</td></tr>
<tr><td>Adressat</td><td>▶ Inhaltsangaben richten sich meistens an bestimmte Personen, z. B. an deine Mitschülerinnen und Mitschüler oder an deine Eltern, aber auch an mögliche Käufer eines Buchs (Klappentext) oder eines Films (Cover). Bei einer Klassenarbeit wird aber häufig weder Adressat noch Funktion der Inhaltsangabe vorgegeben, weshalb du davon ausgehen musst, dass sie sich an Mitschüler wie auch Erwachsene wendet. Die Inhaltsangabe muss immer seriös und in sachlicher Sprache verfasst sein.</td></tr>
<tr><td>Aufbau</td><td>▶ Einleitung: Basissatz mit Angaben zu Titel, Textgattung, Entstehungsjahr, Haupthandlung und zentralem Inhalt/Thema
▶ Hauptteil: Schildere die Geschehnisse in der richtigen Reihenfolge, stelle die Handlungen der Figuren und die sich daraus ergebenden Folgen sowie – knapp – die Gründe für das Verhalten der Figuren dar.
▶ Schluss: Eine Inhaltsangabe endet in der Regel mit der Wiedergabe des Endes der Textvorlage. Wenn es in der Aufgabenstellung ausdrücklich verlangt wird, kann am Schluss eine kurze persönliche Stellungnahme oder eine Untersuchung der sprachlichen Gestaltung stehen. Zuweilen schließen sich an die Inhaltsangabe auch Fragen an den Text an, die schriftlich beantwortet werden müssen.</td></tr>
<tr><td>Tempus</td><td>▶ Präsens, Vorzeitigkeit: Perfekt</td></tr>
<tr><td>Redewiedergabe</td><td>▶ Direkte Rede in der Textvorlage muss in der Inhaltsangabe in indirekte Rede umgeformt werden.</td></tr>
<tr><td colspan="2">Tipp: Gliedere die Textvorlage in Abschnitte und weise jedem Abschnitt eine Überschrift zu, in der du dessen Inhalt kurz mit deinen eigenen Worten zusammenfasst (Konspektmethode).</td></tr>
</table>

Diagramme beschreiben und deuten (Klassenarbeit 5)	
Ein Diagramm muss zuerst *beschrieben* und anschließend *gedeutet* werden. In der Beschreibung wird zunächst die *Struktur* des Diagramms erschlossen und anschließend dessen *Inhalt* in eigenen Worten wiedergegeben. In der Deutung folgt die *Interpretation* der zuvor beschriebenen Informationen, das heißt, der Sinn, der sich aus den im Diagramm enthaltenen Informationen ergibt, wird dargestellt.	
Adressat	▶ Wenn weder Adressat noch Funktion des Diagramms vorgegeben werden, musst du davon ausgehen, dass sich dein Text an alle interessierten Leser wendet und einen offiziellen Charakter hat. Deshalb muss die Darstellung seriös und sachlich sein.
Aufbau	▶ Einleitung: Hinführung zum Thema des Diagramms ▶ Hauptteil: Formales (Quelle, Herausgeber, Publikationsort (z. B. Buch, Zeitschrift, Internet), Titel des Buchs oder der Zeitschrift, in der das Diagramm abgedruckt ist), Definition wichtiger Begriffe, Art des Diagramms (Balken-, Säulendiagramm etc.), Thema und Aufbau des Diagramms. Wichtige Aussagen des Diagramms werden mit eigenen Worten wiedergegeben und interpretiert. ▶ Schluss: Zusammenfassung und Bewertung. Der Schluss kann eine kurze persönliche Stellungnahme beinhalten.
Tempus	▶ Präsens, Vorzeitigkeit: Perfekt

2 Literarische Texte interpretieren

Literarische Texte (erzählende Texte, Schauspiele, Gedichte) sind häufig nicht auf Anhieb vollständig zu verstehen, weil sie sehr vielschichtig sind. Um den Inhalt, die Aussage und die darstellerischen Mittel (vor allem Form und Sprache) literarischer Texte erfassen und anderen schriftlich erklären zu können, muss man sich gründlich mit ihnen beschäftigen, man muss sie *interpretieren.*

Eine Vorarbeit für die Interpretation besteht darin, den Text zu *analysieren,* indem zum Beispiel sein Aufbau, seine sprachliche Gestaltung oder die Darstellung der Figuren untersucht und die Untersuchungsergebnisse in einem *Aufsatz* ausgeführt werden. Eine mögliche Aufsatzform ist die Figurencharakterisierung, in der äußere Erscheinung, soziale Stellung, Verhalten, innere Einstellung, Sprache und Entwicklung einer literarischen Figur untersucht und gedeutet werden.

Figurencharakterisierung (Klassenarbeit 6)	
Adressat	▶ Wenn weder Adressat noch Funktion vorgegeben werden, musst du davon ausgehen, dass sich dein Text an Mitschüler und Erwachsene wendet. Dein Aufsatz muss seriös und sachlich sein.
Aufbau	▶ Einleitung: Autor, Titel, Textgattung, zu charakterisierende Figur und deren Bedeutung für die Handlung ▶ Hauptteil: Äußere Erscheinung (und eventuell Rückschlüsse auf den Charakter) der Figur, soziale Stellung und Beziehung zu anderen Figuren, äußere Verhaltensweisen und innere Haltung, Sprache, Entwicklung ▶ Schluss: Zusammenfassung und Bewertung der Ergebnisse. Der Schluss kann eine kurze persönliche Stellungnahme beinhalten.
Sprache	▶ Tempus: Präsens, Vorzeitigkeit: Perfekt ▶ Sachliche Darstellung ohne persönliche und gefühlsbetonte Formulierungen ▶ Satzverbindungen durch Konjunktionen

Eine besondere Form der Interpretation stellt die *gestaltende Interpretation* dar, in der der Text zunächst analysiert wird, die Erkenntnisse aber nicht in einer sachlichen Darstellung der Analyseergebnisse festgehalten werden, sondern in einen neuen literarischen Text münden. Häufig besteht die Aufgabe darin, einen Tagebucheintrag oder einen Brief aus der Sicht einer Figur aus einer Erzählung oder einem Schauspiel zu schreiben oder ein Gespräch zwischen Figuren zu gestalten.

Eine gestaltende Interpretation setzt eine *Leerstelle* im literarischen Text voraus. Häufig wird das, was in einer Figur vorgeht, vom Autor nur angedeutet, nicht aber näher dargestellt. Diese Lücke musst du in der gestaltenden Interpretation füllen, indem du dich in die entsprechende Figur *hineinversetzt* und sie die Gedanken, Einstellungen oder Gefühle äußern lässt, die der Autor nur angedeutet hat.

	Gestaltende Interpretation (Klassenarbeit 7)
Adressat	▸ Wenn weder Adressat noch Funktion vorgegeben werden, musst du davon ausgehen, dass sich dein Text an Mitschüler wie auch Erwachsene wendet. Da du keinen Interpretationsaufsatz, sondern einen literarischen Text schreiben sollst, musst du dich bezüglich Aufbau und Sprache an der Textgattung orientieren, die in der Aufgabe verlangt ist.
Aufbau	▸ Einleitung: In der Aufgabenstellung wird stets die genaue Stelle in der Handlung angegeben, an der dein Text einsetzen muss (Ort, Zeit, Figuren). Knüpfe direkt an diese Textstelle an. ▸ Hauptteil: Setze dich gründlich mit der Textvorlage auseinander (Interpretation). Achte darauf, dass die Gedanken, Einstellungen oder Gefühle, die von deinen Figuren geäußert werden, der Textvorlage entsprechen. Du kannst auch Figuren, Handlungen und Ereignisse dazuerfinden, doch müssen sie zur Textvorlage passen. Achte bei einem **Gespräch** darauf, dass die Figuren in ihren Äußerungen aufeinander eingehen und verwende Regieanweisungen, um z. B. Mimik, Gestik, Sprechtempo, Gefühle und den Auf- bzw. Abtritt von Figuren anzugeben. Kurz vor dem Abschluss deines Textes sollte es einen Höhepunkt geben. ▸ Schluss: Am Schluss sollte(n) die Figur(en) zu einem Ergebnis kommen, das sich möglichst organisch aus dem Vorhergehenden ergeben sollte.
Sprache	▸ Tempus abhängig von Aufsatzform, z. B. im Gespräch: Präsens, Vorzeitigkeit: Perfekt ▸ Aussagesätze, Fragesätze; unvollständige Sätze können vorkommen

3 Schriftlich argumentieren

Eine Argumentation dient dazu, eine oder mehrere Person(en) von deinem Standpunkt zu überzeugen. Deshalb musst du deine Aussagen sinnvoll begründen (Argumente) und durch einleuchtende Beispiele untermauern. Zudem muss der Leser deinem Gedankengang folgen können (Aufbau, Reihenfolge der Argumentation), was nur gelingen kann, wenn du die Sätze in deiner Argumentation durch Konjunktionen miteinander verbindest.

Argumentation (Klassenarbeit 8)	
Adressat	▶ Wenn weder Adressat noch Funktion vorgegeben werden, musst du davon ausgehen, dass sich dein Text an Mitschüler wie auch Erwachsene wendet und einen offiziellen Charakter besitzt. Deshalb muss die Darstellung seriös und sachlich sein.
Aufbau	▶ Einleitung: originelle, direkte Hinführung zum Thema durch Begriffsbestimmung, persönliches Erlebnis oder geschichtlichen Hintergrund. Das Interesse des Lesers wird geweckt. ▶ Hauptteil: Entfaltung der Argumentation: mehrere überzeugende Argumente, passende, einleuchtende Beispiele; schlüssiger gedanklicher Aufbau, das überzeugendste Argument wird am Schluss genannt. ▶ Schluss: Zusammenfassung der Ergebnisse, Anknüpfung an die Einleitung; Hinweis auf Konsequenzen und/oder Appell
Sprache	▶ Tempus: Präsens, Vorzeitigkeit: Perfekt ▶ Stil: sachlich und objektiv ▶ Satzbau: übersichtlich und gut verständlich; Satzverbindungen durch Konjunktionen

Test 1
Konjunktiv I

Aufgaben

Punkte

1 Unterstreiche im folgenden Brief alle Verben, die im Indikativ stehen, mit einem blauen Stift und alle Verben, die im Konjunktiv I stehen, mit einem roten Stift. 9

Tipp: Bei mehrteiligen Verben müssen alle Teile unterstrichen werden, z. B. „Felix schließt die Türe auf."

Liebe Schülerinnen und Schüler der Klasse 7 a!

Am kommenden Montag, den 3. Juli, hat das lange Warten endlich ein Ende und wir machen uns auf den Weg ins Schullandheim. Unser Zug fährt genau um 7.43 Uhr von Gleis 4 des Hauptbahnhofs ab, weshalb ich euch bitte, rechtzeitig am Bahnhof einzutreffen. Die Mitarbeiterin der Bahn, bei der ich die Fahrkarten gekauft habe, hat mich mehrfach darauf hingewiesen, dass der Zug auf niemanden warten könne und pünktlich abfahre. Jeder solle seinen Sitzplatz unmittelbar nach Abfahrt des Zuges einnehmen, da die Platzreservierung sonst verfalle.
Bei meinem gestrigen Anruf in der Jugendherberge teilte man mir mit, dass man sich auf unser Kommen freue und schon in der letzten Woche alle Vorbereitungen für unseren Besuch getroffen habe. Das Wetter sei momentan sehr schön und solle auch noch die ganze nächste Woche so bleiben. Ihr braucht trotzdem wind- und regenfeste Kleidung, weil man mir sagte, dass sich das Wetter an der Nordsee schnell ändern könne.

Mit freundlichen Grüßen
Euer Klassenlehrer Klaus Müller

2 Setze in den folgenden Lückentext die richtigen Verbformen im Konjunktiv I ein. 13

Tipp: In einige Lücken musst du zweiteilige Verbformen einfügen, die in der Regel aus einem Hilfsverb (z. B. „sein") und einem Vollverb (z. B. „gehen") bestehen, z. B. „Seine Mutter sagte, er **sei** in den Speisesaal **gegangen**."

Felix fährt mit seiner Klasse, der 7 a, ins Schullandheim und ruft am Abend seine Mutter an, die seinem Vater von dem Telefonat berichtet: „Felix hat vor einer Stunde angerufen und sich aus dem Schullandheim gemeldet. Er sagt, er ________ die Fahrt gut ____________________ (1: überstehen), ____________ (2: sein) jetzt aber sehr müde. Die ersten Stunden der Zugfahrt __________ wie im Fluge ____________________ (3: vergehen), denn er ____________ lange mit seinen Freunden Karten ________________ (4: spielen). Später aber _______ ihm doch langweilig __________________________ (5: werden), weshalb er ein bisschen ______________________________ (6: schlafen). Herr Müller __________ ihn erst kurz vor der Ankunft des Zuges ______________________ (7: wecken), weshalb er es beinahe nicht mehr rechtzeitig ______________ __________________ (8: schaffen), aus dem Zug zu steigen. Vor lauter Eile __________ er dann in der Waggontüre über einen Hund __________ ____________________ (9: stolpern), doch zum Glück __________ Lea ihn noch ____________________________ (10: auffangen). Es __________ nicht viel ______________________ (11: fehlen) und er wäre kopfüber auf den Bahnsteig gestürzt.

Die Jugendherberge, in der sie kurz darauf ______________________ ____________________ (12: ankommen), ________ (13: sein) noch ganz neu. Sein Zimmer, das er mit Lukas, Jonathan und David __________ (14: teilen), __________ (15: haben) sogar ein eigenes Badezimmer.

Natürlich ____________ Lukas im Zimmer gleich sein neues Deospray ______________________ (16: ausprobieren), weshalb es unerträglich ______________________________ (17: stinken). Es _________ aber nicht so schlimm _______________________ (18: riechen) wie auf der letzten Fahrt, auf der Jonas direkt am ersten Tag ein paar Stinkbomben __________________________ (19: werfen). Felix _____________ (20: hoffen) nur, dass Lukas keine weiteren Dummheiten ___________ (21: planen) und er in der kommenden Nacht gut _________________ _________________ (22: schlafen).

Morgen _________ er sich erst einmal das Außengelände der Jugendherberge _____________________ (23: ansehen), dazu _______ heute noch keine Zeit ________________ (24: sein). Aber er _____ ja gerade erst __________________________ (25: ankommen) und ___________ noch eine ganze Woche Zeit ________________ (26: haben), um alles zu erkunden."

3 Ordne den vier Sätzen im Konjunktiv I das korrekte Tempus zu. 2

1. Felix sagt, er werde morgen schwimmen gehen.
2. Herr Müller behauptet, er habe einen leichten Schlaf.
3. Jonathan gestand, er habe die ganze Nacht gelesen.
4. Lukas beteuerte, dass er keine Streiche spielen werde.

a) Plusquamperfekt
b) Präteritum
c) Futur I
d) Präsens
e) Perfekt

Lösung: ____

20 Minuten

Lösungsvorschlag

1 Indikativ und Konjunktiv I bestimmen können

Verben im Indikativ sind unterstrichen, Verben im Konjunktiv I fett gedruckt.

Liebe Schülerinnen und Schüler der Klasse 7 a!

Am kommenden Montag, den 3. Juli, hat (1) das lange Warten endlich ein Ende und wir machen (2) uns auf den Weg ins Schullandheim. Unser Zug fährt genau um 7.43 Uhr von Gleis 4 des Hauptbahnhofs ab (3), weshalb ich euch bitte (4), rechtzeitig am Bahnhof einzutreffen. Die Mitarbeiterin der Bahn, bei der ich die Fahrkarten gekauft habe (5), hat mich mehrfach darauf hingewiesen (6), dass der Zug auf niemanden **warten könne** (7) und pünktlich **abfahre** (8). Jeder **solle** seinen Sitzplatz unmittelbar nach Abfahrt des Zuges **einnehmen** (9), da die Platzreservierung sonst **verfalle** (10).

Bei meinem gestrigen Anruf in der Jugendherberge teilte man mir mit (11), dass man sich auf unser Kommen **freue** (12) und schon in der letzten Woche alle Vorbereitungen für unseren Besuch **getroffen habe** (13). Das Wetter **sei** (14) momentan sehr schön und **solle** auch noch die ganze nächste Woche so **bleiben** (15). Ihr braucht (16) trotzdem wind- und regenfeste Kleidung, weil man mir sagte (17), dass sich das Wetter an der Nordsee schnell **ändern könne** (18).

Mit freundlichen Grüßen
Euer Klassenlehrer Klaus Müller

2 Konjunktiv I bilden können

„Felix hat vor einer Stunde angerufen und sich aus dem Schullandheim gemeldet. Er sagt, er **habe** die Fahrt gut **überstanden** (1), **sei** (2) jetzt aber sehr müde. Die ersten Stunden der Zugfahrt **seien** wie im Fluge **vergangen** (3), denn er **habe** lange mit seinen Freunden Karten **gespielt** (4). Später aber **sei** ihm doch langweilig **geworden** (5), weshalb er ein bisschen **geschlafen habe** (6). Herr Müller **habe** ihn erst kurz vor der Ankunft des Zuges **geweckt** (7), weshalb er es beinahe nicht mehr rechtzeitig **geschafft habe** (8), aus dem Zug zu steigen. Vor lauter Eile **sei** er dann in der Waggontüre über einen Hund **gestolpert** (9), doch zum Glück **habe** Lea ihn noch **aufgefangen** (10). Es **habe** nicht viel **gefehlt** (11) und er wäre kopfüber auf den Bahnsteig gestürzt.
Die Jugendherberge, in der sie kurz darauf **angekommen seien** (12), **sei** (13) noch ganz neu. Sein Zimmer, das er mit Lukas, Jonathan und David **teile** (14), **habe** (15) sogar ein eigenes Badezimmer. Natürlich **habe** Lukas im Zimmer gleich sein neues Deospray **ausprobiert** (16), weshalb es unerträglich **gestunken habe** (17). Es **habe** aber nicht so schlimm **gerochen** (18) wie auf

der letzten Fahrt, auf der Jonas direkt am ersten Tag ein paar Stinkbomben **geworfen habe** (19). Felix **hoffe** (20) nur, dass Lukas keine weiteren Dummheiten **plane** (21) und er in der kommenden Nacht gut **schlafen werde** (22). Morgen **werde** er sich erst einmal das Außengelände der Jugendherberge **ansehen** (23), dazu **sei** heute noch keine Zeit **gewesen** (24). Aber er **sei** ja gerade erst **angekommen** (25) und **werde** noch eine ganze Woche Zeit **haben** (26), um alles zu erkunden."

In einem durch die Subjunktion „dass" eingeleiteten Nebensatz kann auch der Indikativ verwendet werden: „plant" (21), „schläft/schlafen wird" (22). Futur kann auch durch eine Präsensform ausgedrückt werden: „schlafe" (22), „habe" (26). Diese Lösungen sind deshalb ebenfalls richtig.

3 Tempora im Konjunktiv I bestimmen können

1. c), 2. d), 3. e), 4. c)

Um im Konjunktiv I Gegenwärtiges und Vergangenes auszudrücken, gibt es nur zwei Formen, die dem Präsens und dem Perfekt im Indikativ entsprechen. Die Präteritum- und Plusquamperfekt-Formen sind dem Konjunktiv II zugeordnet.

Bewertung

- Aufgaben 1 und 2: Für jedes richtig markierte bzw. eingefügte Verb erhältst du einen halben Punkt. Bei mehrteiligen Verbformen müssen alle Teile markiert bzw. eingesetzt sein, um einen halben Punkt zu bekommen.
- Aufgabe 3: Für jede korrekte Zuordnung erhältst du einen halben Punkt.

	++	+	o	–
Punkte	24–21	20–14	13–10	≤ 9

Test 2
Konjunktiv II

Aufgaben

Punkte

1 Kreuze an, ob die Verben im Indikativ oder im Konjunktiv I stehen. 3

Tipp: Wenn es sich bei einer Verbform sowohl um den Indikativ als auch um den Konjunktiv I handeln kann, musst du zwei Kreuze setzen.

	Indikativ	Konjunktiv I
ich fahre	☐	☐
er rufe	☐	☐
sie gehen	☐	☐
ihr spielet	☐	☐
wir lachen	☐	☐
du springst	☐	☐

2 Schreibe die Verben aus Aufgabe 1 im Infinitiv auf und forme sie in den Indikativ Präteritum und in den Konjunktiv II um. 9

Infinitiv	Indikativ Präteritum	Konjunktiv II
____________	ich ____________	ich ____________
____________	er ____________	er ____________
____________	sie ____________	sie ____________
____________	ihr ____________	ihr ____________
____________	wir ____________	wir ____________
____________	du ____________	du ____________

3 Unterstreiche im folgenden Dialog alle Verben, die im Konjunktiv II stehen. 6

Tipp: In einigen Fällen musst du zweiteilige Verbformen unterstreichen, z. B. „er hätte geduscht".

Felix und sein Freund David sind im Schullandheim an der Nordsee und unterhalten sich über die Wattwanderung, die sie am Vormittag unternommen haben.

Felix: Das war wirklich ein einmaliges Erlebnis! Dabei hätte die Wattwanderung wegen des schlechten Wetters beinahe nicht stattgefunden!

David: Das wäre wirklich schade gewesen. Ich wäre auch gerne so ein Wattführer, dann ginge ich jeden Tag ins Watt, genösse die frische Luft und grübe nach Wattwürmern!

Felix: Das wäre aber auch ein anstrengendes Leben! Bei schönem Wetter wäre es ja sicher angenehm, im Watt zu sein. Aber stelle dir nur vor, es bliese ein kräftiger Wind und es gösse wie aus Eimern! Da säße ich doch lieber im Café und tränke eine Tasse heißen Friesentee!

4 Setze den Dialog der beiden fort. Benutze dabei die angegebenen Stichwörter. Verwende bei den flektierten Verbformen den Konjunktiv II. 6

David: an das Wetter gewöhnen, viele nette Leute kennenlernen (Touristen)

Felix: nur flüchtige Bekanntschaften machen (Touristen), schlechte Bezahlung akzeptieren müssen

David: Verdienst unerheblich, Freude am Beruf wichtig

20 Minuten

Lösungsvorschlag

1 Indikativ und Konjunktiv I unterscheiden und bestimmen können

	Indikativ	Konjunktiv I
ich fahre	☒	☒
er rufe	☐	☒
sie gehen	☒	☒
ihr spielet	☐	☒
wir lachen	☒	☒
du springst	☒	☐

2 Infinitiv, Indikativ Präteritum und Konjunktiv II bilden können

Infinitiv	Indikativ Präteritum	Konjunktiv II
fahren	ich **fuhr**	ich **führe**
rufen	er **rief**	er **riefe**
gehen	sie **gingen**	sie **gingen**
spielen	ihr **spieltet**	ihr **spieltet**
lachen	wir **lachten**	wir **lachten**
springen	du **sprangst**	du **sprängest**

3 Konjunktiv II bestimmen können

Felix: Das war wirklich ein einmaliges Erlebnis! Dabei hätte die Wattwanderung wegen des schlechten Wetters beinahe nicht stattgefunden (1)!

David: Das wäre wirklich schade gewesen (2). Ich wäre (3) auch gerne so ein Wattführer, dann ginge (4) ich jeden Tag ins Watt, genösse (5) die frische Luft und grübe (6) nach Wattwürmern!

Felix: Das wäre (7) aber auch ein anstrengendes Leben! Bei schönem Wetter wäre (8) es ja sicher angenehm, im Watt zu sein. Aber stelle dir nur vor, es bliese (9) ein kräftiger Wind und es gösse (10) wie aus Eimern! Da säße (11) ich doch lieber im Café und tränke (12) eine Tasse heißen Friesentee!

4 Konjunktiv II bilden und verwenden können

David: Ich **gewöhnte** (1) mich ja an das Wetter (*oder:* Ich **würde** mich ja an das Wetter **gewöhnen**) und **lernte** dabei viele nette Leute **kennen** (2) (*oder:* und **könnte** dabei viele nette Leute **kennenlernen**).

Felix: Aber dabei **machtest** (3) du ja nur flüchtige Bekanntschaften (*oder:* Aber dabei **könntest** du doch nur flüchtige Bekanntschaften **machen**) und **müsstest** (4) eine schlechte Bezahlung **akzeptieren**.

David: Der Verdienst **wäre** (5) unerheblich. Wichtig **wäre** (6) die Freude am Beruf.

Andere Lösungen sind ebenfalls möglich; entscheidend ist die korrekte Form des flektierten Verbs.

Bewertung

- Aufgabe 1: Für jede *komplett* richtige Bestimmung erhältst du einen halben Punkt; es müssen also bei „Ich fahre" beide Kreuze gesetzt sein, sonst erhältst du dafür keinen Punkt!
- Aufgabe 2: Für jede richtige Form im Infinitiv und im Präteritum Indikativ erhältst du einen viertel Punkt, für jede korrekte Konjunktiv II-Form einen ganzen Punkt.
- Aufgabe 3: Für jede korrekte Konjunktiv II-Form erhältst du einen halben Punkt. Bei mehrteiligen Verben müssen beide Teile unterstrichen sein, um einen halben Punkt zu bekommen.
- Aufgabe 4: Für jede richtige der sechs möglichen Konjunktiv II-Formen bekommst du einen Punkt.

	++	+	o	–
Punkte	24–21	20–14	13–10	≤ 9

Test 3
Indirekte Rede

Aufgaben

Punkte

1 Ordne der indirekten Rede (a–h) die entsprechende direkte Rede (1.–9.) zu. Gib anschließend an, um welche Art der Redewiedergabe (I–VIII) es sich jeweils handelt. 10

Indirekte Rede	Direkte Rede (Nr. 1–9)	Art der Redewiedergabe (I–VIII)
Beispiel: Isabel versichert Karin, sie kichere nicht im Schlaf.	9.	I
a) Max und Robert beteuern, sie kämen immer rechtzeitig zu den Mahlzeiten.		
b) Leon merkt an, dass der Sportplatz für jeden etwas bietet.		
c) Pablo will keine Ameisen in meinem Bett gesehen haben.		
d) Lea gesteht, sie finde Wattwürmer eklig.		
e) Elena weist mich häufig auf meine Vergesslichkeit hin.		
f) Nach Herrn Müllers Aussage soll es nicht mehr weit bis zum Maritim-Museum sein.		
g) Christina und Nazan verraten, sie würden sehr gerne Monopoly spielen.		
h) Nach Lillis Meinung müssen sich ihre Freundinnen wegen der Wellen keine Sorgen machen.		

Direkte Rede
1. Herr Müller behauptet: „Es ist nicht mehr weit bis zum Maritim-Museum!“
2. Lea gesteht: „Wattwürmer finde ich eklig!“
3. Max und Robert beteuern: „Wir kommen immer rechtzeitig zu den Mahlzeiten!“
4. Lilli beruhigt ihre Freundinnen: „Ihr müsst euch wegen der Wellen keine Sorgen machen!“
5. Leon merkt an: „Der Sportplatz bietet für jeden etwas!“
6. Christina und Nazan verraten: „Wir spielen sehr gerne Monopoly.“
7. Elena schimpft: „Du vergisst immer alles!“
8. Pablo bemerkt: „Da sind doch gar keine Ameisen in deinem Bett!“
9. Isabel versichert Karin: „Du kicherst nicht im Schlaf!“

Arten der Redewiedergabe	
I	Konjunktiv I
II	Konjunktiv II
III	„würde“ und Infinitiv
IV	Quellenangabe mit Modalverb (sollen)
V	Quellenangabe mit Modalverb (wollen)
VI	Darstellung der Redeaussage mit Wiedergabe des genauen Wortlauts
VII	Darstellung der Redeaussage ohne Wiedergabe des genauen Wortlauts
VIII	mit „dass“ eingeleiteter Nebensatz (Verb im Indikativ)

2 Sabine berichtet ihrer Mutter am Telefon von ihren Erlebnissen. Wandle die direkte Rede in indirekte Rede um. Beachte dabei die in Klammern vorgegebene Art der Redewiedergabe. 8

Tipp: Bei b), d) und h) musst du überlegen: Konjunktiv I oder II?

a) Lukas erzählt: „Ich habe einen Hai im Meer gesehen!“
(*Quellenangabe mit „wollen“*)

____

____

b) Patrick räumte Simon gegenüber ein: „Du hast mich doch nicht gefoult!" (*Konjunktiv*)

c) Beate macht sich über Thea lustig: „Die Schlammspritzer im Gesicht haben dir gestern ausgezeichnet gestanden!" (*Quellenangabe mit „sollen"*)

d) Patricia brummte: „Wir haben heute noch nichts Annehmbares zu essen bekommen!" (*Konjunktiv*)

e) Emine verriet: „Ich würde gerne einmal im Watt baden!" (*dass*)

f) Anja und Kathrin maulten: „Zu Hause duschen wir uns auch nicht täglich!" (*„würde" und Infinitiv*)

g) Matheo flüstert: „Peter hat sich in Karin verliebt!" (*Darstellung der Redeaussage mit Wiedergabe des genauen Wortlauts*)

h) Victor kritisierte seine Mitspieler: „Ihr schießt ständig den Ball über den Zaun!" (*Konjunktiv*)

3 Paul möchte gerne in Ruhe ein Buch lesen, wird aber fortwährend von seinen Mitschülern gestört, die ihn mit Fragen überhäufen. Irgendwann wird es ihm zu dumm und er beschwert sich bei seinem Freund Cornelius über seine Mitschüler.
Forme folgende Fragesätze der Mitschüler in indirekte Fragesätze um. 6

a) Benedikt: „Wann findet das Fußballturnier statt?“

b) Sebastian: „Hast du deine Fußballschuhe mitgebracht?“

c) Lisa: „Hast du Herrn Müller gesehen?“

d) Carla: „Wann will Franziska eine Disco veranstalten?“

e) David: „Habt ihr das Fußballtor schon aufgebaut?“

f) Yasmina: „Darf ich deine Zahnpasta benutzen?“

30 Minuten

Lösungsvorschlag

1 Direkte Rede und indirekte Rede zuordnen, Arten der Redewiedergabe bestimmen können

Indirekte Rede	Direkte Rede (Nr. 1–9)	Art der Redewiedergabe (I–VIII)
a) Max und Robert beteuern, sie kämen immer rechtzeitig zu den Mahlzeiten.	3.	II
b) Leon merkt an, dass der Sportplatz für jeden etwas bietet.	5.	VIII
c) Pablo will keine Ameisen in meinem Bett gesehen haben.	8.	V
d) Lea gesteht, sie finde Wattwürmer eklig.	2.	I
e) Elena weist mich häufig auf meine Vergesslichkeit hin.	7.	VII
f) Nach Herrn Müllers Aussage soll es nicht mehr weit bis zum Maritim-Museum sein.	1.	IV
g) Christina und Nazan verraten, sie würden sehr gerne Monopoly spielen.	6.	III
h) Nach Lillis Meinung müssen sich ihre Freundinnen wegen der Wellen keine Sorgen machen.	4.	VI

a) Aufgrund der Formengleichheit von Indikativ und Konjunktiv I („kommen“) wird der Konjunktiv II verwendet; c) Pauls Aussage wird bezweifelt, weshalb das Modalverb „wollen“ verwendet wird; g) Da Indikativ Präteritum und Konjunktiv II die gleiche Form („spielten“) haben, wird „würde“ mit Infinitiv „spielen“ benutzt.

2 Direkte Rede in indirekte Rede umformen können

a) Lukas will einen Hai im Meer gesehen haben.
b) Patrick räumte Simon gegenüber ein, er habe ihn doch nicht gefoult.
c) Nach Beates Aussage sollen Thea/ihr die Schlammspritzer im Gesicht gestern ausgezeichnet gestanden haben.
d) Patricia brummte, wir hätten heute noch nichts Annehmbares zu essen bekommen.
e) Emine verriet, dass sie gerne einmal im Watt baden würde.

f) Anja und Kathrin maulten, sie würden sich zu Hause auch nicht täglich duschen.
g) Nach Matheos Angaben hat sich Peter in Karin verliebt.
h) Victor kritisierte seine Mitschüler, sie schössen ständig den Ball über den Zaun.

d) Aufgrund der Formengleichheit von Indikativ und Konjunktiv I („haben") wird der Konjunktiv II verwendet; f) Da Indikativ Präteritum und Konjunktiv II die gleiche Form („duschten") haben, wird „würde" mit Infinitiv „duschen" benutzt.

3 Fragesätze in indirekte Fragesätze umformen können

a) Benedikt fragt, wann das Fußballturnier stattfinde.
b) Sebastian fragt, ob ich meine Fußballschuhe mitgebracht hätte.
c) Lisa fragt, ob ich Herrn Müller gesehen hätte.
d) Carla fragt, wann Franziska eine Disco veranstalten wolle.
e) David fragt, ob wir das Fußballtor schon aufgebaut hätten.
f) Yasmina fragt, ob sie meine Zahnpasta benutzen dürfe.

Bei indirekten Fragesätzen kann auch der Indikativ verwendet werden, weshalb in allen Sätzen auch diese Formen korrekt sind. Die Konjunktiv-Formen sind aber besser dazu geeignet, zu verdeutlichen, dass die Frage eines anderen wiedergegeben wird.

Bewertung

- Aufgabe 1: Für jede richtige Zuordnung „indirekte Rede – direkte Rede" erhältst du einen viertel Punkt (insgesamt höchstens zwei Punkte), für jede korrekte Angabe zur Art der Redewiedergabe (I–VIII) einen ganzen Punkt.
- Aufgaben 2 und 3: Für jeden korrekten Satz erhältst du einen Punkt.

	++	+	O	–
Punkte	24–21	20–14	13–10	≤ 9

Aufgaben

Punkte

1 Unterstreiche in folgendem Zeitungsartikel alle Adverbialien des Ortes (lokal: wo, woher, wohin?) blau und alle Adverbialien der Zeit (temporal: wann?) rot. 14

KLASSE AUF GROßER FAHRT!

Wer von euch hat nicht auch schon davon geträumt, sich während der Schulzeit im Liegestuhl zu räkeln und am Meer die Sonne zu genießen? Für die Schülerinnen und Schüler der Klasse 7a ging dieser Traum letzte Woche in Erfüllung, als sie mit ihrem Klassenlehrer Klaus Müller zu einem Schullandheimaufenthalt an die Nordsee fuhren.

In den letzten Tagen haben unsere Mitschüler Aufregendes erlebt: Sie waren schon am ersten Tag im Wellenbad, haben vorgestern auf einem Krabbenkutter Interessantes über die Fische der Nordsee erfahren und konnten sich gestern auf dem Fußballplatz so richtig austoben. Nur schade, dass sie in zwei Tagen schon wieder nach Hause fahren müssen!

Hannah (Klasse 8b) für „Einstein“, eure neue Schülerzeitung

2 Bestimme in den folgenden Sätzen das Adverbiale, indem du die Satzgliedfrage beantwortest und das Adverbiale in die Tabelle einträgst. 2

Wir frühstücken um acht Uhr.
Florian spielt mit Begeisterung Tischtennis.
Aufgrund der Gezeiten ist das Meer nicht immer zu sehen.
Den Plüsch-Seehund haben wir aus der Seehundaufzuchtstation.
Karin und Petra haben Mia in ihr Zimmer gebracht.

Satzgliedfrage	Antwort/Adverbiale
Beispiel: Wann frühstücken wir?	Um acht Uhr.
Wie spielt Florian Tischtennis?	
Warum ist das Meer nicht immer zu sehen?	
Woher haben wir den Plüsch-Seehund?	
Wohin haben Karin und Petra Mia gebracht?	

3 Notiere zu den adverbialen Bestimmungen in den folgenden Sätzen die zugehörige Satzgliedfrage und beantworte sie anschließend. 8

Beispiel: Ich habe meine Trinkflasche auf dem Minigolfplatz verloren.
Frage: Wo hast du deine Trinkflasche verloren?
Antwort: Auf dem Minigolfplatz!

a) Elias hat sich wegen der vielen Tausendfüßler geekelt.

Frage: ______________________________

____

Antwort: ______________________________

b) Anna hat ihren Koffer mit großer Mühe getragen.

Frage: ______________________________

____

Antwort: ______________________________

c) Heute Morgen habe ich meine Geldbörse noch gehabt!

Frage: ______________________________

____

Antwort: ______________________________

d) Auf eine Insel möchte ich auch einmal fahren!

Frage: ______________________________

____

Antwort: ______________________________

e) Ich habe Herrn Müller in der Eisdiele gesehen.

Frage: ______________________________

____

Antwort: ______________________________

f) Der Ball kam von der anderen Seite des Zauns.

Frage: ______________________________

____

Antwort: ______________________________

g) In zehn Minuten treffen wir uns alle zur Nachtwanderung!

Frage: ______________________________

____

Antwort: ______________________________

h) Wegen deiner Krümelei müssen wir jetzt das Zimmer putzen!

Frage: ______________________________

____

Antwort: ______________________________

20 Minuten

Lösungsvorschlag

1 Lokale und temporale Adverbialien erkennen können

Adverbialien des Ortes sind unterstrichen, Adverbialien der Zeit fett gedruckt.

Klasse auf großer Fahrt!

Wer von euch hat nicht auch schon davon geträumt, sich **während der Schulzeit** (1) <u>im Liegestuhl</u> (2) zu räkeln und <u>am Meer</u> (3) die Sonne zu genießen? Für die Schülerinnen und Schüler der Klasse 7a ging dieser Traum **letzte Woche** (4) in Erfüllung, als sie mit ihrem Klassenlehrer Klaus Müller zu einem Schullandheimaufenthalt <u>an die Nordsee</u> (5) fuhren.
In den letzten Tagen (6) haben unsere Mitschüler Aufregendes erlebt: Sie waren **schon am ersten Tag** (7) <u>im Wellenbad</u> (8), haben **vorgestern** (9) <u>auf einem Krabbenkutter</u> (10) Interessantes über die Fische der Nordsee erfahren und konnten sich **gestern** (11) <u>auf dem Fußballplatz</u> (12) so richtig austoben. Nur schade, dass sie **in zwei Tagen** (13) schon wieder <u>nach Hause</u> (14) fahren müssen!

Hannah (Klasse 8b) für „Einstein“, eure neue Schülerzeitung

2 Satzgliedfragen beantworten können

Satzgliedfrage	Antwort / Adverbiale
Wie spielt Florian Tischtennis?	Mit Begeisterung.
Warum ist das Meer nicht immer zu sehen?	Aufgrund der Gezeiten.
Woher haben wir den Plüsch-Seehund?	Aus der Seehundaufzuchtstation.
Wohin haben Karin und Petra Mia gebracht?	In ihr Zimmer.

3 Satzgliedfragen auf der Grundlage von Aussagesätzen bilden und beantworten können

a) Frage: **Warum/Weswegen hat sich Elias geekelt?**
Antwort: **Wegen der vielen Tausendfüßler.**

b) Frage: **Auf welche Art/Wie hat Anna ihren Koffer getragen?**
Antwort: **Mit großer Mühe.**

c) Frage: **Wann habe ich meine Geldbörse noch gehabt?**
Antwort: **Heute Morgen.**

d) Frage: **Wohin möchte ich auch einmal fahren?**
Antwort: **Auf eine Insel.**

e) Frage: **Wo habe ich Herrn Müller gesehen?**
Antwort: **In der Eisdiele.**

f) Frage: **Woher kam der Ball?**
Antwort: **Von der anderen Seite des Zauns.**

g) Frage: **Wann treffen wir uns alle zur Nachtwanderung?**
Antwort: **In zehn Minuten.**

h) Frage: **Warum/Weswegen müssen wir jetzt das Zimmer putzen?**
Antwort: **Wegen deiner Krümelei.**

Bewertung

- Aufgabe 1: Für jede vollständig richtige Zuordnung erhältst du einen Punkt.
- Aufgabe 2: Für jede korrekte Antwort erhältst du einen halben Punkt.
- Aufgabe 3: Für jede richtige Satzgliedfrage und jede Antwort erhältst du jeweils einen halben Punkt.

	++	+	o	–
Punkte	24–21	20–14	13–10	≤ 9

Test 5
Satzbau 1: Adverbialsätze

Aufgaben

Punkte

1 Unterstreiche in folgendem Zeitungsartikel alle Adverbialsätze. 4

MEERES-STROM

Was ist mit 148 Metern Höhe in etwa so hoch wie der Kölner Dom, 1.000 Kilogramm schwer und produziert 5.000 Kilowatt Strom in der Stunde – genug also, um etwa 4.000 Haushalte zuverlässig mit Strom zu versorgen?

Ein einziges Windrad kann eine solche Leistung erbringen, wenn es in einem Windpark auf offener See steht, wo keine Häuser oder Bäume den Wind bremsen können. Insgesamt zwölf solcher großen Windräder sind im Offshore-Windpark „alpha ventus" vereint, der im November 2009 gut 40 Kilometer nördlich der Nordseeinsel Borkum errichtet wurde, weil hier beinahe unablässig starker Wind weht. Die riesigen Windräder erzeugen aus Wind Strom, indem sich die Rotoren mit bis zu 320 Kilometern pro Stunde durch die Luft bewegen und so einen Generator antreiben. Solange der Wind eine gewisse Geschwindigkeit nicht unter- oder überschreitet, d. h. zwischen Windstärke 3 und 10, arbeitet das Windrad ununterbrochen.

Falls sich der Betrieb dieser Windräder rechnen sollte, wird es wohl nicht bei diesem einen großen Offshore-Windpark bleiben. Bis zum Jahr 2020 sollen in Nord- und Ostsee Offshore-Windparks mit einer Gesamtleistung von 6.500 Megawatt entstehen, weil der Anteil erneuerbarer Energien an der Gesamtstrommenge in den nächsten Jahren zunehmen muss, damit der CO_2-Ausstoß gesenkt wird.

2 Unterstreiche die Adverbialsätze und stelle die zugehörige Satzgliedfrage. Bestimme anschließend, um welche Art des Adverbialsatzes es sich handelt. 6

Tipp: In einem der Sätze kommen zwei Arten von Adverbialsätzen vor.

a) Wenn der Wind zu stark wird, müssen die Windräder abgeschaltet werden, weil sie sonst beschädigt werden können.

Frage: ______________________________

____

____

____

Adverbialsatz: ______________________________

____

b) Als das letzte Windrad errichtet war, brachen die Monteure in Jubel aus.

Frage: ______________________________

____

____

Adverbialsatz: ______________________________

____

c) Damit die Arbeiten zügig vorangehen, werden mehrere Bauteams gleichzeitig eingesetzt.

Frage: ______________________________

____

____

Adverbialsatz: ______________________________

____

3 Bilde jeweils aus den beiden Hauptsätzen ein Satzgefüge, in dem ein Adverbialsatz vorkommt. 6

a) Offshore-Windparks sind aufwendiger zu bauen als Windkraftanlagen auf dem Festland. Viele weitere solcher Windparks sollen in den nächsten Jahren entstehen.

b) Auf offener See weht meistens ein kräftiger Wind. Der Ertrag von Offshore-Windparks ist um ein Vielfaches höher als der von Windkraftanlagen auf dem Festland.

c) Windräder müssen sehr groß sein. So erzeugen sie viel Strom.

4 Wandle die unterstrichenen adverbialen Bestimmungen in Adverbialsätze um. 8

a) Wegen der eisigen Temperaturen im Winter kann es vorkommen, dass die Rotorblätter vereisen.

____

____

____

b) Bei schlechter Sicht wird auf den Windrädern die Beleuchtung eingeschaltet.

____

____

____

c) Trotz des schlechten Wetters wird auch im Herbst weitergearbeitet.

____

____

____

d) Abends fuhren die Monteure meistens zurück aufs Festland.

____

____

____

20 Minuten

Lösungsvorschlag

1 Adverbialsätze bestimmen können

Zur Information sind die Arten der Adverbialsätze in Klammern mit angegeben.

Meeres-Strom
Was ist mit 148 Metern Höhe in etwa so hoch wie der Kölner Dom, 1.000 Kilogramm schwer und produziert 5.000 Kilowatt Strom in der Stunde – genug also, um etwa 4.000 Haushalte zuverlässig mit Strom zu versorgen?

Ein einziges Windrad kann eine solche Leistung erbringen, wenn es in einem Windpark auf offener See steht (*1: Konditionalsatz*), wo keine Häuser oder Bäume den Wind bremsen können (*2: Lokalsatz*). Insgesamt zwölf solcher großen Windräder sind im Offshore-Windpark „alpha ventus" vereint, der im November 2009 gut 40 Kilometer nördlich der Nordseeinsel Borkum errichtet wurde, weil hier beinahe unablässig starker Wind weht (*3: Kausalsatz*). Die riesigen Windräder erzeugen aus Wind Strom, indem sich die Rotoren mit bis zu 320 Kilometern pro Stunde durch die Luft bewegen und so einen Generator antreiben (*4: Modalsatz*). Solange der Wind eine gewisse Geschwindigkeit nicht unter- oder überschreitet (*5: Konditionalsatz*), d.h. zwischen Windstärke 3 und 10, arbeitet das Windrad ununterbrochen.

Falls sich der Betrieb dieser Windräder rechnen sollte (*6: Konditionalsatz*), wird es wohl nicht bei diesem einen großen Offshore-Windpark bleiben. Bis zum Jahr 2020 sollen in Nord- und Ostsee Offshore-Windparks mit einer Gesamtleistung von 6.500 Megawatt entstehen, weil der Anteil erneuerbarer Energien an der Gesamtstrommenge in den nächsten Jahren zunehmen muss (*7: Kausalsatz*), damit der CO2-Ausstoß gesenkt wird (*8: Finalsatz*).

Bei der Phrase „um etwa 4.000 Haushalte zuverlässig mit Strom zu versorgen" handelt es sich um eine Infinitivgruppe, nicht um einen Adverbialsatz.

2 Adverbialsätze bestimmen, zugehörige Frage stellen, Art des Adverbialsatzes erkennen können

a) Wenn der Wind zu stark wird, müssen die Windräder abgeschaltet werden, weil sie sonst beschädigt werden können.

Frage: **Unter welcher Bedingung müssen die Windräder abgeschaltet werden? – Warum müssen die Windräder abgeschaltet werden, wenn der Wind zu stark wird?**
Adverbialsatz: **Konditionalsatz – Kausalsatz**

b) Als das letzte Windrad errichtet war, brachen die Monteure in Jubel aus.

Frage: **Wann brachen die Monteure in Jubel aus?**
Adverbialsatz: **Temporalsatz**

c) Damit die Arbeiten zügig vorangehen, werden mehrere Bauteams gleichzeitig eingesetzt.

Frage: **Wozu werden mehrere Bauteams gleichzeitig eingesetzt?**
Adverbialsatz: **Finalsatz**

3 Zwei Hauptsätze in ein Satzgefüge mit Adverbialsatz umformen können

Zur Information sind die Arten der Adverbialsätze in Klammern mit angegeben.

a) **Obwohl** Offshore-Windparks aufwendiger zu bauen sind als Windkraftanlagen auf dem Festland (*Konzessivsatz*), sollen in den nächsten Jahren viele weitere solcher Windparks entstehen.

b) Der Ertrag von Offshore-Windparks ist um ein Vielfaches höher als der von Windkraftanlagen auf dem Festland, **weil** auf offener See meistens ein kräftiger Wind weht (*Kausalsatz*).

c) Windräder müssen sehr groß sein, **damit** sie viel Strom erzeugen (*Finalsatz*).

4 Adverbiale Bestimmungen in Adverbialsätze umformen können

Zur Information sind die Arten der Adverbialsätze in Klammern mit angegeben.

a) Die Rotorblätter können vereisen, **weil im Winter eisige Temperaturen herrschen** (*Kausalsatz*).

b) **Wenn die Sicht schlecht ist** (*Konditionalsatz*), wird auf den Windrädern die Beleuchtung eingeschaltet.

c) Auch im Herbst wird weitergearbeitet, **obwohl das Wetter schlecht ist** (*Konzessivsatz*).

d) Die Monteure fuhren meistens zurück aufs Festland, **als es Abend wurde** (*Temporalsatz*).

Bewertung

- Aufgabe 1: Für jede richtige Unterstreichung erhältst du einen halben Punkt.
- Aufgabe 2: Für jede richtige Unterstreichung, Satzgliedfrage und Bestimmung des Adverbialsatzes erhältst du jeweils einen halben Punkt. In Aufgabe 2 a) sind somit drei Punkte, insgesamt maximal sechs Punkte zu erreichen.
- Aufgaben 3 und 4: Für jeden richtigen Satz erhältst du zwei Punkte.

	++	+	O	–
Punkte	24–21	20–14	13–10	≤ 9

Test 6
Satzbau 2

Aufgaben

Punkte

1 Forme die Verben in den folgenden dass-Sätzen in Substantive um. 4

Beispiel: *Der Techniker entdeckt, dass ein Motorteil falsch montiert ist.* Umformung: *Der Techniker entdeckt die falsche Montage eines Motorteils.*

a) Der Schiffskoch hofft, dass sich das Wetter bald beruhigt.

b) Das Montageteam beobachtet, dass ein schwerer Sturm herannaht.

c) Der Kapitän bemerkt, dass der Steuermann ihm etwas zuruft.

d) Der Elektriker hofft, dass sie den Fehler schnell beheben werden.

2 Unterstreiche in folgenden Sätzen die finiten Verben und schreibe anschließend die Satzbaupläne der Sätze in die Kästen. 12

Tipp: In einem Hauptsatz (HS) steht die finite Verbform in der Regel an zweiter Stelle im Satz (manchmal auch am Satzanfang), in einem Nebensatz (NS) am Satzende.

	Satzbauplan
Beispiel: Windräder produzieren viel Strom, wenn starker Wind weht, der die Generatoren antreibt.	HS, NS, NS

a) Weil sie nicht wochenlang auf See übernachten können, fahren die Techniker täglich mit dem Schiff zur Baustelle, die etwa 45 km nördlich der Insel Borkum liegt.

Satzbauplan

b) Indem sie gigantische Pfähle in den Meeresboden rammen, die bis zu 30 Meter lang sind, befestigen die Bauarbeiter die Windräder in der Nordsee.

Satzbauplan

c) Die Windräder schalten sich ab Windstärke 10 selbst ab, weil die Rotorblätter beschädigt werden können, wenn starker Sturm aufkommt.

Satzbauplan

d) Beschädigungen entstehen aber nicht nur durch den Wind, sie können auch durch Schiffe verursacht werden, denn die Kollision eines Schiffs mit einem Windrad ist nicht auszuschließen.

Satzbauplan

3 Forme folgende Sätze so um, dass die Grundaussage erhalten bleibt, der Satzbau aber vereinfacht wird. 8

Tipp: Weniger wichtige Inhalte können gestrichen werden, wodurch einige Sätze deutlich kürzer gefasst werden können.

Beispiel: Die Firma, die die Windräder, die in der Nordsee errichtet werden, baut, muss ihre Bauarbeiter sorgfältig auswählen, weil diese für die spezielle Arbeit gut ausgebildet sein müssen.

Lösungsmöglichkeit: Die an der Errichtung der Windräder beteiligten Bauarbeiter müssen von der Baufirma sorgfältig ausgewählt werden, weil sie für diese spezielle Arbeit gut ausgebildet sein müssen.

a) Die Wartung, die bei den Windrädern anfällt, wird durch Techniker gewährleistet, die viel Erfahrung damit haben, solche komplexen Anlagen zu pflegen.

b) Jedes der Windräder, die, vom Wasser aus gerechnet, bis zu 155 Meter hoch sein können, besitzt eine Absetzplattform, die sich auf dem Dach des Maschinenhauses befindet und auf der Techniker, die mit einem Helikopter zum Windrad geflogen werden, abgesetzt werden können, indem sie eine Seilwinde benutzen.

c) Bei der Montage der Windkraftanlagen, die etwa 45 km nördlich von Borkum, der größten der nordfriesischen Inseln, errichtet wurden, mussten Schwimmkräne eingesetzt werden, die große Lasten bewegen können.

d) Die Bauteile, aus denen die einzelnen Windräder zusammengebaut werden, stammen aus Augsburg, Bad Oldesloe, Bremen, Dresden, Kempten, Krefeld, Mülheim an der Ruhr, Regensburg, Reinheim-Georgenhausen, Rostock, Stade, Voerde und Wilhelmshaven sowie aus Städten in Belgien, Finnland, Frankreich, den Niederlanden, Norwegen, Schottland und der Schweiz.

30 Minuten

Lösungsvorschlag

1 Substantivierung: Verben in Substantive umformen können

a) Der Schiffskoch hofft auf baldige Wetterberuhigung. (*oder*: Beruhigung des Wetters)

b) Das Montageteam beobachtet das Herannahen eines schweren Sturms.

c) Der Kapitän bemerkt den Zuruf des Steuermanns.

d) Der Elektriker hofft auf schnelle Behebung des Fehlers.

2 Satzbaupläne bestimmen können

a) Weil sie nicht wochenlang auf See übernachten können, fahren die Techniker täglich mit dem Schiff zur Baustelle, die etwa 45 km nördlich der Insel Borkum liegt.
Satzbauplan: **NS, HS, NS**

b) Indem sie gigantische Pfähle in den Meeresboden rammen, die bis zu 30 Meter lang sind, befestigen die Bauarbeiter die Windräder in der Nordsee.
Satzbauplan: **NS, NS, HS**

c) Die Windräder schalten sich ab Windstärke 10 selbst ab, weil die Rotorblätter beschädigt werden können, wenn starker Sturm aufkommt.
Satzbauplan: **HS, NS, NS**

d) Beschädigungen entstehen aber nicht nur durch den Wind, sie können auch durch Schiffe verursacht werden, denn die Kollision eines Schiffs mit einem Windrad ist nicht auszuschließen.
Satzbauplan: **HS, HS, HS**

3 Satzbau vereinfachen und Unwichtiges streichen können

a) Die Windräder werden von erfahrenen Technikern gewartet.

b) Auf jedem der bis zu 155 Meter hohen Windräder befindet sich eine Absetzplattform, auf die sich Techniker von einem Helikopter aus abseilen können.

c) Bei der Montage der Windkraftanlagen etwa 45 km nördlich von Borkum wurden mithilfe von Schwimmkränen große Lasten bewegt.

d) Die Bauteile für die Windräder stammen aus verschiedenen Städten Deutschlands und zahlreichen europäischen Ländern.

Bewertung

- Aufgabe 1: Für jede korrekte Umformung erhältst du einen Punkt.
- Aufgabe 2: Für jedes korrekt unterstrichene finite Verb erhältst du einen halben Punkt. Die vier Sätze bestehen jeweils aus drei Teilsätzen. Für jeden richtig bestimmten Teilsatz erhältst du einen halben Punkt, pro Satz kannst du damit 3 Punkte erreichen.
- Aufgabe 3: Für jeden sinnvoll gekürzten Satz erhältst du zwei Punkte.

	++	+	o	–
Punkte	24–21	20–14	13–10	≤ 9

Test 7
Rechtschreibung: Grundregeln

Aufgaben

Punkte

1 Bilde aus folgenden Stichwörtern jeweils zwei Sätze, die ein Verbot beinhalten. Im ersten Satz ① musst du satzwertige Infinitive verwenden, im zweiten Satz ② ist die Nominalisierung der Verben verlangt. 8

Beispiel: Flugzeug – während des Flugs – verlassen

① Es ist verboten, das Flugzeug während des Flugs zu verlassen.
② Das Verlassen des Flugzeugs während des Flugs ist verboten.

a) Friedhof – Gemüse – anpflanzen

① Satzwertiger Infinitiv:

____

____

② Nominalisierung:

____

____

b) Während der Fahrt – Auto – rasieren

① Satzwertiger Infinitiv:

____

____

② Nominalisierung:

____

____

c) Abwasserkanäle – schwimmen

① Satzwertiger Infinitiv:

____

____

② Nominalisierung:

____

____

d) Autobahn – Kamel – reiten

① Satzwertiger Infinitiv:

____

____

② Nominalisierung:

____

____

2 Welche Schreibweise ist die richtige? Unterstreiche. 3

a) Immer **Montags/montags** gehen wir ins Kino.

b) An jedem **Dienstag/dienstag** essen wir Fischstäbchen.

c) Gestern **Morgen/morgen** haben wir ein Picknick gemacht.

d) Meine Schwester ist **Morgens/morgens** immer schon um sechs Uhr munter.

e) Eines **Abends/abends** hat unsere Mikrowelle Feuer gefangen.

f) Morgen **Abend/abend** wollen wir grillen.

3 Ergänze die Lücken mit den Wörtern aus dem Wortspeicher. 5

Wortspeicher:
Fahrrad fahren/Fahrradfahren • Eis laufen/eislaufen • fahren lassen/fahrenlassen • fahren lassen/fahrenlassen • richtig stellen/richtigstellen

a) Im Urlaub an der Nordsee können wir jeden Tag

_________________________.

b) Man soll nie die Hoffnung

_________________________.

c) Mein Vater hat mich schon mal auf einem Feldweg mit dem Auto _________________________.

d) Im Winter kann man auf dem See _________________________.

e) Carlotta wollte Julias Behauptung _________________________.

4 Vervollständige folgende Sprichwörter, indem du die fehlenden Buchstaben einsetzt: 5

a) Wer drei H____sen nachjagt, wird keinen fangen. (a, aa, ah)

b) D____ Armut kommt von Gott, aber nicht der Schmutz. (i, ie, ih, ieh)

c) Alter schützt vor T____rheit nicht. (o, oo, oh)

d) Besser ein Ende mit Schre____en als ein Schre____en ohne Ende. (k, ck)

e) Einem geschenkten Gaul s____t man nicht ins Maul. (i, ie, ih, ieh)

f) Keine Kette ist stärker als ____r schwächstes Glied. (i, ie, ih, ieh)

g) ____ne Fleiß kein Preis. (o, oo, oh)

h) Abwarten und T____ trinken. (e, ee, eh)

i) A____er Anfang ist schwer. (l, ll)

j) Der Apfel fällt nicht weit vom Sta____. (m, mm)

5 Wandle die folgenden Verben in die entsprechenden Substantive um. 3

Beispiel: fließen – Fluss

a) beißen ____________ d) schließen ____________

b) flößen ____________ e) messen ____________

c) reißen ____________ f) hämmern ____________

30 Minuten

Lösungsvorschlag

1 Sätze mit satzwertigen Infinitiven und Nominalisierung bilden können

a) ① Es ist verboten, Gemüse auf dem Friedhof anzupflanzen.
② Das Anpflanzen von Gemüse auf dem Friedhof ist verboten.

b) ① Es ist verboten, sich im Auto während der Fahrt zu rasieren.
② Das Rasieren im Auto ist während der Fahrt verboten.

c) ① Es ist verboten, in Abwasserkanälen zu schwimmen.
② Das Schwimmen in Abwasserkanälen ist verboten.

d) ① Es ist verboten, auf der Autobahn auf einem Kamel zu reiten.
② Das Reiten auf einem Kamel ist auf der Autobahn verboten.

2 Korrekte Rechtschreibung bei Zeitangaben bestimmen können

a) Immer montags gehen wir ins Kino.

b) An jedem Dienstag essen wir Fischstäbchen.

c) Gestern Morgen haben wir ein Picknick gemacht.

d) Meine Schwester ist morgens immer schon um sechs Uhr munter.

e) Eines Abends hat unsere Mikrowelle Feuer gefangen.

f) Morgen Abend wollen wir grillen.

3 Korrekte Rechtschreibung bei Getrennt- und Zusammenschreibung bestimmen können

a) Im Urlaub an der Nordsee können wir jeden Tag **Fahrrad fahren**.

b) Man soll nie die Hoffnung **fahren lassen/fahrenlassen**.
Hier sind beide Lösungen richtig.

c) Mein Vater hat mich schon mal auf einem Feldweg mit dem Auto **fahren lassen**.

d) Im Winter kann man auf dem See **eislaufen**.

e) Carlotta wollte Julias Behauptung **richtigstellen**.

4 Wörter mit langen und kurzen Vokalen richtig schreiben können

a) Wer drei H**a**sen nachjagt, wird keinen fangen.

b) D**ie** Armut kommt von Gott, aber nicht der Schmutz.

c) Alter schützt vor T**o**rheit nicht.

d) Besser ein Ende mit Schre**ck**en als ein Schre**ck**en ohne Ende.

e) Einem geschenkten Gaul s**ieh**t man nicht ins Maul.
f) Keine Kette ist stärker als **ih**r schwächstes Glied.
g) **Oh**ne Fleiß kein Preis.
h) Abwarten und T**ee** trinken.
i) A**ll**er Anfang ist schwer.
j) Der Apfel fällt nicht weit vom Sta**mm**.

5 Verben in Substantive umwandeln können

a) beißen	**Biss**	d) schließen	**Schloss**
b) flößen	**Floß**	e) messen	**Maß**
c) reißen	**Riss**	f) hämmern	**Hammer**

Bewertung

- Aufgaben 1 und 3: Für jede korrekte Lösung erhältst du einen Punkt.
- Aufgaben 2, 4 und 5: Für jede korrekte Lösung bekommst du einen halben Punkt.

	++	+	O	–
Punkte	24–21	20–14	13–10	≤ 9

Test 8
Berichten und Beschreiben

Aufgaben

Punkte

1 Streiche in der folgenden Wegbeschreibung alle Informationen, die persönliche Eindrücke oder Wertungen wiedergeben, sich wiederholen oder unwichtig sind. 4

Also, du musst meistens rechts abbiegen. Wenn du die Schule verlässt, gehst du rechts rum. An der nächsten Ecke ist eine Eisdiele, da bekommst du richtig gutes Eis. Am besten schmeckt mir das Zitroneneis, davon kann ich gar nicht genug bekommen. An der Eisdiele gehst du rechts. Wenn du drei Straßen überquert hast, siehst du auf der rechten Seite zuerst eine Metzgerei, dann eine Bäckerei und daneben ein rotes Haus. In der Bäckerei kaufen wir immer unsere Brötchen. Das rote Haus ist die Nummer 13. Da wohnen wir.

2 In den folgenden fünf Sätzen findest du jeweils zwei umgangssprachliche Ausdrücke, die für einen Unfallbericht ungeeignet sind. Streiche diese Wörter durch und ersetze sie durch alternative Begriffe. 10

Als ich am Montag kurz vor acht Uhr auf dem Weg zur Schule die Torstraße an der Kreuzung Tor-/Turmstraße überqueren wollte, wurde ich Zeuge eines schweren Unfalls:

a) Eine alte Schrottkarre kam in einem Affenzahn von links die Torstraße heruntergefahren.

____

b) Die beiden Typen in dem Auto hatten das Autoradio volle Kanne aufgedreht.

____

c) Deshalb checkten sie wohl nicht, dass auf der Turmstraße ein Polizeiwagen mit Blaulicht und Martinshorn angescheppert kam.

____

d) Mitten auf der Kreuzung knallte der Golf dann mit vollem Karacho in den Polizeiwagen.

____

e) Sie hatten alle voll Glück, dass sie ohne Verletzungen aus den Karren herausgekommen sind.

____

3 In folgendem Bericht werden die Ereignisse nicht in ihrer korrekten Reihenfolge und zum Teil im falschen Tempus dargestellt.
Schreibe den Text so um, dass die Reihenfolge deutlich wird, und verwende das korrekte Tempus (Präteritum). Benutze für deine Lösung ein separates Blatt. 10

Herr Müller war gestern wirklich sehr ungehalten. Das war allerdings verständlich, denn ich bin zwanzig Minuten zu spät in den Mathematik-Unterricht gekommen. Danach habe ich mich aber bei ihm entschuldigt. Dabei hatte am Morgen alles so gut angefangen. In der ersten Stunde bekamen wir unsere Englisch-Klassenarbeit zurück, in der ich eine Zwei bekommen habe. Und dann musste ich schnell nach Hause, um für Peter mein neues Computerspiel zu holen, das ich ihm ausleihen wollte. Ich hatte mich nämlich so über meine Note in der Klassenarbeit gefreut, dass ich Peter einen ordentlichen Klaps auf den Rücken gegeben habe. Davon ist er mit dem Kopf auf den Tisch gefallen und hat sich die Nase angeschlagen und war böse auf mich. Darum habe ich ihm das Spiel geholt. Aber auf dem Weg zurück zur Schule ist der Bus plötzlich mit einem Motorschaden liegen geblieben. Und deshalb kam ich viel zu spät in den Mathematik-Unterricht! Jetzt muss ich ihm auch noch eine Entschuldigung meiner Eltern bringen. Deshalb habe ich mir vorgenommen, in Englisch nur noch Dreien zu schreiben – dann kann nichts mehr passieren!

30 Minuten

Lösungsvorschlag

1 Unsachliches, Unwichtiges und Wiederholungen in einem Text erkennen können

~~Also, du musst meistens rechts abbiegen.~~ (1) Wenn du die Schule verlässt, gehst du rechts rum. An der nächsten Ecke ist eine Eisdiele, da ~~bekommst du richtig gutes Eis.~~ (2) ~~Am besten schmeckt mir das Zitroneneis, davon kann ich gar nicht genug bekommen. An der Eisdiele~~ (3) gehst du [wieder] rechts. Wenn du drei Straßen überquert hast, siehst du auf der rechten Seite zuerst eine Metzgerei, dann eine Bäckerei und daneben ein rotes Haus [mit der]. ~~In der Bäckerei kaufen wir immer unsere Brötchen. Das rote Haus ist die~~ (4) Nummer 13. Da wohnen wir.

Wenn du bei einer Textüberarbeitung Wörter, Satzteile oder ganze Sätze wegstreichst, ist es oft sinnvoll, die verbleibenden Sätze und Satzteile miteinander zu verbinden. Diese Verbindungen stehen hier in eckigen Klammern.

2 Umgangssprachliche Ausdrücke durch schriftsprachliche ersetzen können

Ähnliche Begriffe oder Formulierungen können ebenfalls richtig sein.

a) ~~Eine alte Schrottkarre~~ kam ~~in einem Affenzahn~~ von links die Torstraße heruntergefahren.
Ein altes Auto – mit großer Geschwindigkeit

b) Die beiden ~~Typen~~ in dem Auto hatten das Autoradio ~~volle Kanne aufgedreht~~.
Männer / jungen Männer – sehr / extrem laut gestellt

c) Deshalb ~~checkten~~ sie wohl nicht, dass auf der Turmstraße ein Polizeiwagen mit Blaulicht und Martinshorn ~~angescheppert~~ kam.
hörten / bemerkten – angefahren

d) Mitten auf der Kreuzung ~~knallte~~ der Golf dann ~~mit vollem Karacho~~ in den Polizeiwagen.
fuhr – mit großer Wucht / ungebremst

e) Sie hatten alle ~~voll~~ Glück, dass sie ohne Verletzungen aus den ~~Karren~~ herausgekommen sind.
großes – Autos / Wagen

3 Einen Sachverhalt in der richtigen Reihenfolge und im korrekten Tempus schildern können

Die angegebene Lösung bietet nur eine Orientierungshilfe; andere Ergebnisse können ebenfalls richtig sein.

Als wir gestern in der ersten Stunde unsere Englisch-Klassenarbeit zurückbekamen und ich sah, dass ich eine Zwei hatte, freute ich mich so sehr darüber, dass ich meinem Sitznachbarn Peter vor Freude auf den Rücken klopfte. Leider fiel Peter durch den Schlag mit dem Kopf auf den Tisch und schlug mit der Nase auf. Um ihn zu besänftigen, fuhr ich schnell mit dem Bus nach Hause, um mein neues Computerspiel zu holen, das ich ihm ausleihen wollte. Unglücklicherweise blieb aber auf der Rückfahrt zur Schule der Bus mit Motorschaden liegen, weshalb ich 20 Minuten zu spät in den Mathematik-Unterricht kam. Trotz meiner sofortigen Entschuldigung war Herr Müller, unser Mathematiklehrer, sehr ungehalten und verlangte von mir, eine Entschuldigung meiner Eltern mitzubringen.
In Zukunft werde ich in Englisch nur noch Dreien schreiben – dann kann mir so etwas nicht mehr passieren!

Bewertung

- Aufgabe 1: Für jeden korrekt gestrichenen Abschnitt erhältst du einen Punkt.
- Aufgabe 2: Für jeden umgangssprachlichen Begriff, den du gestrichen hast, und für jede angemessene Alternative erhältst du jeweils einen halben Punkt.
- Aufgabe 3: Für die richtige Reihenfolge erhältst du maximal sechs, für das richtige Tempus maximal drei Punkte. Für jedes Ereignis, das du nicht in der richtigen Reihenfolge genannt oder vergessen hast, ziehst du einen Punkt ab. Achte darauf, dass der letzte Satz entweder im Futur oder im Präsens steht, der restliche Text im Präteritum. Ziehe dir für jeden einzelnen Tempusfehler einen Punkt ab.
  Den zehnten Punkt darfst du dir geben, wenn du in deinem Text Zusammenhänge dargestellt hast (z. B. Satz 3: „Um ihn zu besänftigen“).

	++	+	O	–
Punkte	24–21	20–14	13–10	≤ 9

Test 9
Inhaltsangabe

Aufgaben

Lies den folgenden Text und bearbeite dann die gestellten Aufgaben.
Notiere deine Lösungen zu allen Aufgaben dieses Tests auf ein separates Blatt.

Johann Peter Hebel (1760–1826): Das wohlfeile Mittagessen

Es ist ein altes Sprichwort: Wer andern eine Grube gräbt, fällt selber darein. – Aber der Löwenwirt in einem gewissen Städtlein war schon vorher darin. Zu diesem kam ein wohlgekleideter Gast. Kurz und trotzig verlangte er für *sein* Geld eine gute Fleischsuppe. Hierauf forderte er auch ein Stück Rindfleisch und ein Gemüs, für sein Geld. Der Wirt fragte ganz höflich: ob ihm nicht auch ein Glas Wein beliebe? O freilich ja, erwiderte der Gast, „wenn ich etwas Gutes haben kann für mein Geld." Nachdem er sich alles wohl hatte schmecken lassen, zog er einen abgeschliffenen Sechser aus der Tasche und sagte: „Hier, Herr Wirt, ist mein Geld. Mehr hab ich nicht und mehr hab ich Euch nicht versprochen." – Dieser Einfall war eigentlich nicht weit her. Es gehörte nur Unverschämtheit dazu, und ein unbekümmertes Gemüt, wie es am Ende ablaufen werde. Aber das Beste kommt noch. „Ihr seid ein durchtriebener Schalk", erwiderte der Wirt, „und hättet wohl etwas anders verdient. Aber ich schenke Euch das Mittagessen und hier noch ein Vierundzwanzig-Kreuzer-Stück dazu. Nur seid stille zur Sache, und geht zu meinem Nachbarn, dem Bärenwirt, und macht es ihm ebenso." Das sagte er, weil er mit seinem Nachbarn, dem Bärenwirt, aus Brotneid im Unfrieden lebte, und einer dem andern jeglichen Tort und Schimpf gerne antat und erwiderte. Aber der schlaue Gast griff lächelnd mit der einen Hand nach dem angebotenen Geld, mit der andern vorsichtig nach der Türe, wünschte dem Wirt einen guten Abend, und sagte: „Bei Eurem Nachbarn, dem Herrn Bärenwirt, bin ich schon gewesen, und eben der, und kein anderer, hat mich zu Euch geschickt."
So waren im Grunde beide hintergangen, und der Dritte hatte den Nutzen davon. Aber der listige Kunde hätte sich noch obendrein einen schönen Dank von beiden verdient, wenn sie eine gute Lehre daraus gezogen, und sich miteinander ausgesöhnt hätten. Denn Frieden ernährt, aber Unfrieden verzehrt.

Quelle: Johann Peter Hebel: Die Kalendergeschichten. Hrsg. von H. Schlaffer/H. Zils. München: dtv 2010, S. 32f.

Punkte

1 Gliedere den Text in Abschnitte (vergiss die Zeilenangaben nicht) und gib den Inhalt der Textabschnitte kurz mit deinen eigenen Worten wieder. 4

2 Beantworte folgende Fragen in vollständigen Sätzen. 16

a) Wie ist die Ausgangssituation (wer, wann, wo, was)?

b) Welche drei Ereignisse sind besonders wichtig?

c) Welche beiden Folgen ergeben sich aus den Geschehnissen?

d) Was will der Autor mit der Geschichte sagen?

e) Was will der Autor mit der Geschichte beim Leser erreichen?

3 Fasse den Inhalt der Textpassage von Zeile 12 bis 21 zusammen („Ihr seid ein durchtriebener Schalk […] hat mich zu Euch geschickt.“) 4

45 Minuten

Lösungsvorschlag

1 Einen Text in Abschnitte gliedern und deren Inhalt mit eigenen Worten wiedergeben können

1. Abschnitt: Vorbemerkung in Form eines Sprichworts (Z. 1): Wenn man einer anderen Person eine Falle stellt, verfängt man sich selbst darin.

2. Abschnitt: Erster Teil der Geschichte (Z. 2–9): Ein Gast bestellt für „sein“ Geld Essen in einer Gastwirtschaft und wird vom Gastwirt mit köstlichen Speisen und Wein verwöhnt. Als der Wirt die Rechnung stellt, will der Gast nur eine wesentlich geringere Summe bezahlen, weil er nur für „sein“ Geld Essen bestellt habe, nicht für die vom Wirt genannte Summe.

3. Abschnitt: Zweiter Teil der Geschichte (Z. 10–21): Der Wirt stiftet den Gast an, auch seinen Konkurrenten hereinzulegen, muss jedoch vom Gast erfahren, dass dieser bereits bei seinem Konkurrenten gewesen ist und von diesem auf die Idee gebracht worden ist, ihm diesen Streich zu spielen.

4. Abschnitt: Nachwort (Z. 22–25) mit dem Resultat oder der Lehre der Geschichte.

Die Erläuterungen des Erzählers (Z. 10–12, 15–17) sind nicht als eigene Teile anzusehen, weil sie inhaltlich zu den anderen Abschnitten gehören.

2 Fragen zu einem literarischen Text beantworten können

Die angegebene Lösung bietet eine Orientierungshilfe; andere Ergebnisse können ebenfalls richtig sein.

a) Ein gut gekleideter Gast (wer?) kehrt eines Tages (wann?) in einer kleinen Stadt beim „Löwenwirt" (wo?) ein und bestellt für „sein Geld" Fleischsuppe, Rindfleisch und Gemüse; der Wirt schenkt ihm zudem Rotwein ein (was?).

b) 1. Der Gast überlistet den Löwenwirt, indem er seine Bestellung spitzfindig formuliert: „Kurz und trotzig verlangte er für *sein* Geld eine gute Fleischsuppe." (Z. 3 f.) (2 Punkte)
2. Der Löwenwirt will den Gast dazu anstiften, seinem Konkurrenten den gleichen Streich zu spielen, um ihm zu schaden. (2 Punkte)
3. Der Gast offenbart dem Löwenwirt, dass er seinem Konkurrenten bereits den gleichen Streich gespielt hat und von diesem herübergeschickt worden ist. (2 Punkte)

c) 1. Löwenwirt und Bärenwirt werden betrogen und betrügen und schaden sich gegenseitig bzw. versuchen es. (2 Punkte)
2. Der Gast überlistet beide Wirte, kommt dadurch zu zwei kostenlosen Mittagessen und ergaunert sich Geld. (2 Punkte)

d) Zwei Aussagen stehen im Vordergrund:
1. Man erleidet einen Schaden selbst, den man einem anderen zufügen will. (1 Punkt)
2. Wenn man mit seinen Konkurrenten in Frieden lebt, geht es allen gut; lebt man mit ihnen im Streit, schadet das allen. (1 Punkt)

e) Er will den Leser zum einen unterhalten (1 Punkt), indem er eine amüsante Geschichte erzählt, zum anderen aber auch belehren (1 Punkt), wie sich im vorletzten Satz zeigt: „Aber der listige Kunde hätte sich noch obendrein einen schönen Dank von beiden verdient, *wenn sie eine gute Lehre daraus gezogen* […] hätten." (Z. 23 ff.)

3 Den Inhalt einer Textpassage zusammenfassen und mit eigenen Worten wiedergeben können

Der Löwenwirt verspricht dem Gast, ihm das ergaunerte Mittagessen sowie ein Geldstück zu schenken, wenn er seinen Konkurrenten, den Bärenwirt, auf gleiche Weise betrüge. Der Gast nimmt das Geldstück an sich und gesteht im Hinausgehen, dass er dem Bärenwirt bereits den gleichen Streich gespielt hat und von diesem herübergeschickt worden ist.

Bewertung

- Aufgabe 1: Für jeden richtig erkannten Abschnitt mit korrekter Zeilenangabe erhältst du einen halben Punkt, für jede richtige Inhaltswiedergabe einen weiteren halben Punkt.
- Aufgabe 2a): Für jede inhaltlich und sprachlich korrekte Antwort auf die vier Fragen (wer, wo, wann, was?) erhältst du jeweils einen halben Punkt.
- Aufgaben 2b) und c): Für jede inhaltlich und sprachlich korrekte Antwort erhältst du zwei Punkte.
- Aufgaben 2d) und e): Für jede inhaltlich und sprachlich korrekte Antwort bekommst du einen Punkt.
- Aufgabe 3: Für eine sinnvolle Zusammenfassung des Textabschnitts gibt es bis zu vier Punkte.

	++	+	o	–
Punkte	24–21	20–14	13–10	≤ 9

Test 10
Diagramme verstehen

Aufgaben

Sieh dir die beiden Diagramme genau an und bearbeite dann die Aufgaben 1 bis 3.

Diagramm I: Gerätebesitz männl. Jugendlicher 2013–2015 (*Kurvendiagramm*)

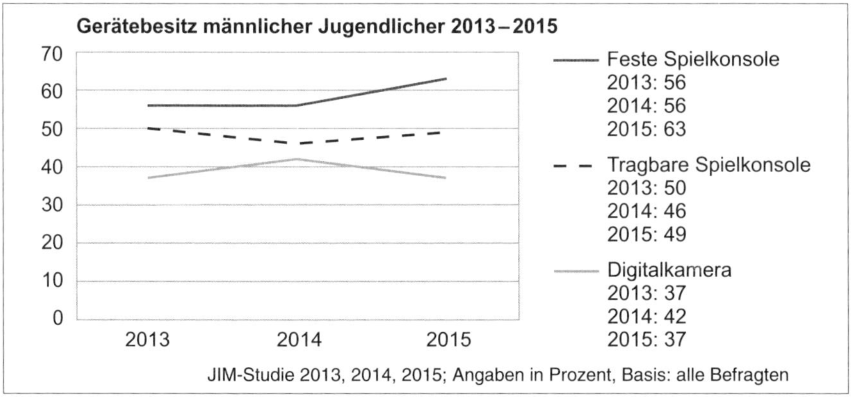

Diagramm II: Bevorzugte Informationsquellen Jugendlicher (*Kreisdiagramm*)

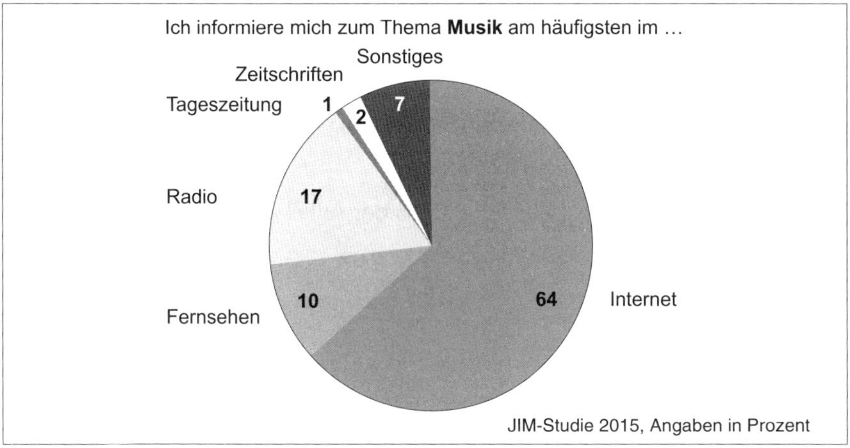

Quelle: eigene Darstellung, nach: S. Feierabend, T. Plankenhorn, T. Rathgeb: JIM-Studie 2015; S. Feierabend, U. Karg, T. Rathgeb: JIM-Studie 2014, JIM-Studie 2013. Medienpädagogischer Forschungsverbund Südwest (Hrsg.). www.mpfs.de (Die Summe der Prozentangaben in Diagramm II ergibt 101 % und ist auf Rundungsungenauigkeiten zurückzuführen.)

Punkte

1 Diagramm I: Setze in den Lückentext die Wörter und Zahlen aus dem Wortspeicher ein, um den Inhalt des Kurvendiagramms korrekt wiederzugeben. 10

Tipp: Ein Wort ist überzählig und passt in keine der Lücken.

Wortspeicher: Anstieg • gleich • Steigerung • gegenläufig • festen Spielkonsolen • zu • Digitalkamera • 42 • Rückgang • tragbare Spielkonsole • prozentual

Im Jahr 2015 besaßen – wie schon in den beiden Jahren davor – ________________ (1) mehr männliche Jugendliche eine feste Spielkonsole als eine ________________________ (2) oder eine Digitalkamera. Der Besitz von tragbaren Spielkonsolen nahm bei männlichen Jugendlichen von 2013 bis 2014 um vier Prozent von 50 auf 46 Prozent ab, im darauffolgenden Jahr jedoch wieder um drei Prozent zu. Eine deutliche ________________ (3) war von 2014 bis 2015 auch bei den ____________________________ (4) zu verzeichnen: Besaßen 2014 56 Prozent der männlichen Jugendlichen ein solches Gerät, waren es ein Jahr später mit 63 Prozent sieben Prozent mehr. Die Entwicklung bei den Digitalkameras hingegen war genau ________________ (5): Nach einem Anstieg des Digitalkamera-Besitzes von 37 Prozent im Jahr 2013 auf _______ (6) Prozent im Jahr 2014 kam es 2015 zu einem ________________ (7) auf 37 Prozent.

Während also zwischen 2013 und 2015 der Anteil männlicher Jugendlicher, die eine portable Spielkonsole oder eine ________________ (8) besaßen, ungefähr _________ (9) blieb, war bei den stationären Spielkonsolen ein merklicher ______________ (10) zu verzeichnen.

2 Diagramm II: Kreuze an, ob die folgenden Aussagen die Angaben des Kreisdiagramms richtig oder falsch wiedergeben. 10

Aussage	richtig	falsch
a) Zehn bei der Studie befragte Jugendliche besitzen einen Fernseher.	☐	☐
b) Tageszeitungen und Zeitschriften spielen bei Jugendlichen als Informationsquelle über Musik keine große Rolle.	☐	☐
c) Jugendliche hören Musik am liebsten über das Internet.	☐	☐
d) Knappe drei Viertel der befragten Jugendlichen informieren sich über Musik am häufigsten im Internet oder im Fernsehen.	☐	☐
e) Tageszeitungen werden von Jugendlichen kaum gelesen.	☐	☐
f) Mit dem Internet können 64 Prozent der Jugendlichen gut umgehen.	☐	☐
g) 17 Prozent der Jugendlichen bevorzugen das Radio, um sich über Neuigkeiten zum Thema Musik zu informieren.	☐	☐
h) Jugendliche lesen fast nie Zeitschriften.	☐	☐
i) Zehn Prozent der Jugendlichen informieren sich nicht häufig im Internet, im Radio oder Fernsehen über Musik.	☐	☐
j) Nur wenige Jugendliche nutzen Tageszeitungen und Zeitschriften, um sich über Musik zu informieren.	☐	☐

3 Notiere die beiden Fragen, auf die die beiden Diagramme Antworten geben. 4

Diagramm 1: ______________________________

____

Diagramm 2: ______________________________

____

20 Minuten

Lösungsvorschlag

1 Informationen korrekt aus einem Diagramm entnehmen können

Im Jahr 2015 besaßen – wie schon in den beiden Jahren davor – **prozentual (1)** mehr männliche Jugendliche eine feste Spielkonsole als eine **tragbare Spielkonsole (2)** oder eine Digitalkamera. Der Besitz von tragbaren Spielkonsolen nahm bei männlichen Jugendlichen von 2013 bis 2014 um vier Prozent von 50 auf 46 Prozent ab, im darauffolgenden Jahr jedoch wieder um drei Prozent zu. Eine deutliche **Steigerung (3)** war von 2014 bis 2015 auch bei den **festen Spielkonsolen (4)** zu verzeichnen: Besaßen 2014 56 Prozent der männlichen Jugendlichen ein solches Gerät, waren es ein Jahr später mit 63 Prozent sieben Prozent mehr. Die Entwicklung bei den Digitalkameras hingegen war genau **gegenläufig (5)**: Nach einem Anstieg des Digitalkamera-Besitzes von 37 Prozent im Jahr 2013 auf **42 (6)** Prozent im Jahr 2014 kam es 2015 zu einem **Rückgang (7)** auf 37 Prozent.
Während also zwischen 2013 und 2015 der Anteil männlicher Jugendlicher, die eine portable Spielkonsole oder eine **Digitalkamera (8)** besaßen, ungefähr **gleich (9)** blieb, war bei den stationären Spielkonsolen ein merklicher **Anstieg (10)** zu verzeichnen.

nicht verwendet: **zu**

2 Die Aussagen eines Diagramms richtig verstehen können

Aussage	richtig	falsch
a) Zehn bei der Studie befragte Jugendliche besitzen einen Fernseher.	☐	☒
b) Tageszeitungen und Zeitschriften spielen bei Jugendlichen als Informationsquelle über Musik keine große Rolle.	☒	☐
c) Jugendliche hören Musik am liebsten über das Internet.	☐	☒
d) Knappe drei Viertel der befragten Jugendlichen informieren sich über Musik am häufigsten im Internet oder im Fernsehen.	☒	☐
e) Tageszeitungen werden von Jugendlichen kaum gelesen.	☐	☒
f) Mit dem Internet können 64 Prozent der Jugendlichen gut umgehen.	☐	☒

g) 17 Prozent der Jugendlichen bevorzugen das Radio, um sich über Neuigkeiten zum Thema Musik zu informieren.	☒	☐
h) Jugendliche lesen fast nie Zeitschriften.	☐	☒
i) Zehn Prozent der Jugendlichen informieren sich nicht häufig im Internet, im Radio oder Fernsehen über Musik.	☒	☐
j) Nur wenige Jugendliche nutzen Tageszeitungen und Zeitschriften, um sich über Musik zu informieren.	☒	☐

3 Das Thema / die Fragestellung eines Diagramms erfassen können

Diagramm I: Wie hat sich der Besitz von stationären und tragbaren Spielkonsolen sowie Digitalkameras bei männlichen Jugendlichen zwischen 2013 und 2015 entwickelt?

Diagramm II: Welche Informationsquellen bevorzugten Jugendliche im Jahr 2015, wenn sie sich über Musik informierten?

Bewertung

- Aufgabe 1: Für jede korrekt ausgefüllte Lücke erhältst du einen Punkt.
- Aufgabe 2: Für jedes richtig gesetzte Kreuz bekommst du einen Punkt.
- Aufgabe 3: Für jede Frage kannst du jeweils maximal zwei Punkte erreichen. Einen Punkt erhältst du jeweils, wenn deine Fragestellung inhaltlich <u>ungefähr</u> stimmt, zwei Punkte, wenn deine Fragestellung inhaltlich <u>präzise</u> ist (der Wortlaut kann abweichen!).

	++	+	O	–
Punkte	24–21	20–14	13–10	≤ 9

Test 11
Argumentieren 1: Definieren und Begründen

Aufgaben

Punkte

1 Gib den Oberbegriff zu folgenden Ausdrücken an. Ergänze anschließend zwei Unterbegriffe zu diesem Oberbegriff. 8

Beispiel: **ICE**
Oberbegriff: Zuggattung
Unterbegriffe: Intercity, Regionalexpress

a) **MP3-Player**

Oberbegriff: ______________________________

Unterbegriffe: ______________________________

b) **Hose**

Oberbegriff: ______________________________

Unterbegriffe: ______________________________

c) **Tisch**

Oberbegriff: ______________________________

Unterbegriffe: ______________________________

d) **Ring**

Oberbegriff: ______________________________

Unterbegriffe: ______________________________

2 Definiere jeweils den ersten von drei Unterbegriffen, die einem Oberbegriff zugeordnet sind. 8

Beispiel:
Oberbegriff: Schuhtyp. **Unterbegriffe:** Sandale, Halbschuh, Stiefel.

Definition von Sandale: Eine Sandale ist ein einfacher Schuhtyp, bei dem die Sohle durch Riemen gehalten wird.

a) **Oberbegriff:** Kraftfahrzeug. **Unterbegriffe:** Lastwagen, Auto, Motorrad.

Definition von Lastwagen: ______________________________

____

____

b) **Oberbegriff:** Ballsportart. **Unterbegriffe:** Basketball, Handball, Fußball.

Definition von Basketball: ______________________________

____

____

c) **Oberbegriff:** Essgeschirr. **Unterbegriffe:** Teller, Tasse, Schüssel.

Definition von Teller: ______________________________

____

____

d) **Oberbegriff:** Schreibgerät. **Unterbegriffe:** Bleistift, Kugelschreiber, Füllfederhalter.

Definition von Bleistift: ______________________________

____

____

3 Kreuze an, welche Aussagen zutreffen. 4

Ein Argument …

a) ☐ … begründet etwas.
b) ☐ … beschreibt eine Gegebenheit.
c) ☐ … kann dazu dienen, eine Aussage zu beweisen.
d) ☐ … kann nicht dazu dienen, eine Aussage zu widerlegen.
e) ☐ … ist immer richtig.
f) ☐ … sollte stichhaltig und plausibel sein.

4 Welche Aussagen sind sachlich, welche unsachlich? Kreuze an. 4

Aussage	sachlich	unsachlich
a) Ich finde deine Bluse scheußlich, weil sie dir nicht steht.	☐	☐
b) Deine Hose finde ich unzweckmäßig, weil sie zu lang ist und dich dadurch beim Gehen behindert.	☐	☐
c) Deine Schuhe halte ich für ungeeignet, weil du beim Gehen ständig die Füße nach außen abknickst.	☐	☐
d) Dein Hemd gefällt mir nicht, weil der Schnitt zu weit ist.	☐	☐

20 Minuten

Lösungsvorschlag

1 Zu einem Begriff Ober- und Unterbegriffe bilden können

a) MP3-Player. Oberbegriff: **digitales Medienabspielgerät**
Mögliche Unterbegriffe: **DVD-Player, Media-Player, CD-Player, Blu-Ray-Player etc.**

b) Hose. Oberbegriff: **Kleidungsstück**
Mögliche Unterbegriffe: **Rock, Hemd, T-Shirt etc.**

c) Tisch. Oberbegriff: **Möbelstück**
Mögliche Unterbegriffe: **Stuhl, Schrank etc.**

d) Ring. Oberbegriff: **Schmuck**
Mögliche Unterbegriffe: **Kette, Armband, Brosche etc.**

2 Begriffe definieren können

Die angegebene Lösung bietet nur eine Orientierungshilfe; andere Ergebnisse können ebenfalls richtig sein.

a) Ein Lastwagen ist ein Kraftfahrzeug, das zum Transport (schwerer) Güter bestimmt ist.

b) Basketball ist eine Ballsportart, bei der zwei Mannschaften versuchen, den Ball in den Korb der gegnerischen Mannschaft zu werfen.

c) Unter einem Teller versteht man ein zumeist rundes, flaches Essgeschirr, auf dem Speisen angerichtet werden.

d) Bei einem Bleistift handelt es sich um ein Schreibgerät, bei dem ein Holzmantel eine Mine umhüllt, mit der man schreiben oder zeichnen kann.

3 Die Eigenschaften eines Arguments kennen

Ein Argument …

a) ☒ … begründet etwas.
b) ☐ … beschreibt eine Gegebenheit.
c) ☒ … kann dazu dienen, eine Aussage zu beweisen.
d) ☐ … kann nicht dazu dienen, eine Aussage zu widerlegen.
e) ☐ … ist immer richtig.
f) ☒ … sollte stichhaltig und plausibel sein.

4 Sachliche und unsachliche Begründungen unterscheiden können

Aussage	sachlich	unsachlich
a) Ich finde deine Bluse scheußlich, weil sie dir nicht steht.	☐	☒
b) Deine Hose finde ich unzweckmäßig, weil sie zu lang ist und dich dadurch beim Gehen behindert.	☒	☐
c) Deine Schuhe halte ich für ungeeignet, weil du beim Gehen ständig die Füße nach außen abknickst.	☒	☐
d) Dein Hemd gefällt mir nicht, weil der Schnitt zu weit ist.	☐	☒

Bewertung

- Aufgabe 1: Für jeden treffenden Oberbegriff erhältst du einen Punkt, für jeden passenden Unterbegriff einen halben Punkt.
- Aufgabe 2: Für jede sinnvolle und vollständige Definition bekommst du zwei Punkte.
- Aufgabe 3: Für jedes richtig gesetzte Kreuz erhältst du einen Punkt, für jedes falsch gesetzte Kreuz musst du dir einen Punkt abziehen.
- Aufgabe 4: Für jedes richtig gesetzte Kreuz erhältst du einen Punkt.

	++	+	O	–
Punkte	24–21	20–14	13–10	≤ 9

Test 12
Argumentieren 2: Reihenfolge, These und Argument

Aufgaben

Lies den folgenden Text und bearbeite dann die Aufgaben.

A Es werden auch Schulen von diesen Geldern errichtet und Lehrmaterialien angeschafft, damit die Kinder der Arbeiter eine Schulbildung erhalten können.

B Darüber hinaus können von den höheren Erlösen aus dem fairen Handel Krankenhäuser gebaut werden, die den Arbeitern und ihren Familien zur Verfügung stehen, sodass sich die Gesundheitsversorgung von Fair-Trade-Arbeitern enorm verbessert hat.

C Zunächst einmal verdienen Kleinbauern mehr, wenn sie eine gerechte – „faire" – Entlohnung für ihre Produkte erhalten und diese nicht an große internationale Handelsketten verkaufen müssen, die ihnen die Preise diktieren können.

D Zu guter Letzt ist noch anzumerken, dass die Produzenten von fair gehandelten Produkten meistens äußerst hohen Wert auf beste Qualität ihrer Produkte legen, was dem Genuss und der Gesundheit der Konsumenten zugutekommt.

E Es ist sinnvoll, fair gehandelte Produkte zu kaufen.

Punkte

1 Bringe die fünf Sätze in die richtige Reihenfolge. 5

____

2 Schreibe vier Formulierungen aus dem Text heraus, mit deren Hilfe Gedanken miteinander verbunden werden. 2

____________________ ____________________

____________________ ____________________

3 Gib die These und die Argumente des Textes stichpunktartig wieder. 5

These: ____________________________________

____

Argumente:

1. ______________________________

2. ______________________________

3. ______________________________

4. ______________________________

4 Erweitere die folgenden Argumentationen durch Beispiele, indem du anhand der Stichwörter jeweils zwei Sätze bildest. 12

a) Ein Handy ist eine sinnvolle Anschaffung, weil man in einer Notsituation schnell Hilfe holen kann.

Satz 1:	Unfall auf der Landstraße, Verletzte, Rettungsdienst
Satz 2:	Belästigung oder Bedrohung auf der Straße, Eltern oder Freunde, Polizei

b) Ein Handy ist zweckmäßig, weil man sich mit Eltern oder Freunden jederzeit schnell abstimmen kann.

Satz 1:	Spontaner Besuch bei einem Freund/einer Freundin, Anruf bei den Eltern
Satz 2:	Verabredung mit Freunden, U-Bahn verpasst; Anruf, dass man sich verspätet

30 Minuten

Lösungsvorschlag

1 Sätze in eine sinnvolle Reihenfolge bringen können

Reihenfolge: **E, C, B, A, D**

Satz A kann nicht vor Satz B stehen, weil in Satz A „von diesen Geldern" gesprochen wird, um die es in Satz B geht.

2 Konjunktionen und konjunktionale Formulierungen in einem Text erkennen können

damit, darüber hinaus, sodass, zunächst einmal, zu guter Letzt

3 These und Argumente eines Textes stichwortartig wiedergeben können

These: **Fair gehandelte Produkte zu kaufen ist sinnvoll.**

Argumente:
1. **gerechte Entlohnung**
2. **bessere Gesundheitsversorgung der Arbeiter und ihrer Familien**
3. **Schulbildung für Kinder**
4. **bessere Qualität der Produkte, Genuss und Gesundheit für Konsumenten**

4 Argumente durch Beispiele erweitern können

a) So kann man beispielsweise mit dem Handy den Rettungsdienst informieren, wenn es bei einem Unfall auf der Landstraße Verletzte gegeben hat. Zudem ist es hilfreich, mit dem Handy seine Eltern, Freunde oder notfalls die Polizei anrufen zu können, wenn man auf der Straße belästigt oder gar bedroht wird.

b) Wenn man beispielsweise spontan eine Freundin oder einen Freund besuchen möchte, kann man schnell bei seinen Eltern anrufen. Wenn man verabredet ist und eine U-Bahn verpasst, kann man seinen Freund oder seine Freundin mit dem Handy anrufen und ihn bzw. sie darüber informieren, dass man sich verspätet.

Bewertung

- Aufgabe 1: Du erhältst einen Punkt für jeden Satz, den du in der richtigen Reihenfolge nennst.
- Aufgabe 2: Für jede verbindende Formulierung erhältst du einen halben Punkt.
- Aufgabe 3: Für die korrekt angegebene These und jedes richtig wiedergegebene Argument erhältst du jeweils einen Punkt.
- Aufgabe 4: Für jeden Satz mit sinnvoller Erweiterung erhältst du drei Punkte.

	++	+	o	–
Punkte	24–21	20–14	13–10	≤ 9

Test 13
Eine Person charakterisieren

Aufgaben

Punkte

1 Finde für folgende vier Wörter jeweils ein Synonym. 4

sensibel: ______________________

couragiert: ______________________

egoistisch: ______________________

aggressiv: ______________________

2 Finde zu folgenden Adjektiven jeweils ein Antonym, d. h. ein Wort mit gegensätzlicher Bedeutung. *Beachte:* Wortpaare mit gleichem Wortstamm sind nicht erlaubt (z. B. sicher – unsicher). 4

selbstbewusst: ______________________

ernst: ______________________

bescheiden: ______________________

ängstlich: ______________________

3 Streiche jeweils das Wort durch, das nicht zu den anderen passt. 4

a) optimistisch zuversichtlich hoffnungsvoll arglos lebensbejahend vertrauensvoll

b) scharfsinnig klug spitzfindig intelligent geistreich schlau

c) selbstlos uneigennützig hilfsbereit wohltätig edelmütig tolerant

d) hinterlistig pfiffig heimtückisch arglistig hinterhältig verschlagen

4 Charakterisiere die folgenden Personen durch mindestens zwei passende Adjektive. Ordne den Sätzen anschließend die Art der Charakterisierung zu (I–IV, S. 72). 12

a) Mit ihren heiteren, klaren Augen und ihrem ungezwungenen, natürlichen Lächeln bildete Marie stets einen wohltuenden Gegenpol zu den anderen Frauen im Dorf.

Charakterisierung:

____

Art der Charakterisierung: ☐

b) Peter verließ seine Wohnung nur selten, vermied den Kontakt zu anderen Menschen und saß oft stundenlang am Fenster, von wo aus er auf die Straße hinunterstarrte.

Charakterisierung:

____

____

Art der Charakterisierung: ☐

c) Paul sah Felix scharf in die Augen und zischte: „Wenn du morgen nicht mit ein paar blauen Flecken nach Hause kommen willst, solltest du mir dein neues Computerspiel mit in die Schule bringen!“

Charakterisierung:

____

Art der Charakterisierung: ☐

d) Als Ralf den Raum betrat, zuckten alle zusammen und verstummten.

Charakterisierung:

____

Art der Charakterisierung: ☐

Arten der Charakterisierung

I Das Verhalten einer Person gibt Auskunft über ihren Charakter.

II Wahrnehmungen, Empfindungen und Verhaltensweisen Außenstehender geben Hinweise auf das Wesen und die Ausstrahlung einer Person.

III Die Beschreibung ihres Äußeren lässt Rückschlüsse auf den Charakter der Person zu.

IV Die Äußerungen einer Person sagen etwas über ihr Wesen aus.

30 Minuten

Lösungsvorschlag

1 Synonyme ableiten können

Die angegebenen Lösungen bieten nur eine Orientierungshilfe; andere Ergebnisse können ebenfalls richtig sein.

sensibel: **feinfühlig, einfühlsam, empfindsam, rücksichtsvoll, taktvoll, unaufdringlich, zartfühlend**
couragiert: **beherzt, entschlossen, forsch, furchtlos, kühn, mutig, tapfer**
egoistisch: **eigennützig, ichbezogen, selbstbezogen, selbstsüchtig**
aggressiv: **angriffslustig, hitzig, kampfeslustig, streitsüchtig**

2 Antonyme ableiten können

selbstbewusst: **unsicher, gehemmt, schüchtern**
ernst: **fröhlich, heiter, unbeschwert**
bescheiden: **überheblich, anmaßend, angeberisch, prahlerisch, anspruchsvoll**
ängstlich: **mutig, beherzt, kühn, tapfer**

3 Wortbedeutungen erfassen können

a) Wer **arglos** ist, ahnt nichts Böses, kann eine drohende Gefahr nicht erkennen und ist vielleicht sogar ein wenig einfältig, weshalb dieses Wort nicht zu den anderen Wörtern passt.

b) Das Wort **spitzfindig** passt nicht in die Reihe, weil es oft abwertend im Sinne von haarspalterisch, kleinlich oder pedantisch gebraucht wird, während die anderen fünf Wörter eher positiv besetzt sind.

c) Ein **toleranter** Mensch duldet fremde Ansichten, Gewohnheiten und Handlungen, muss aber deshalb nicht selbstlos handeln, sondern kann ein Egoist sein. Deshalb passt das Wort „tolerant" nicht in diese Wortreihe.

d) Als **pfiffig** werden Personen beschrieben, die aufgeweckt, einfallsreich und gewitzt sind, weshalb dieses Wort nicht in die Reihe negativ besetzter Wörter passt.

4 Personen durch Adjektive charakterisieren können, Art der Charakterisierung bestimmen können

Die angegebenen Lösungen bieten nur eine Orientierungshilfe; andere Ergebnisse können ebenfalls richtig sein.

a) Marie: **frohgemut, fröhlich, munter, gelöst, freundlich, unbeschwert, unbefangen, unbekümmert**

Art der Charakterisierung: **III**

b) Peter: **einsam, niedergeschlagen, bedrückt, bekümmert, betrübt, entmutigt, traurig, antriebslos**

Art der Charakterisierung: **I**

c) Paul: **niederträchtig, boshaft, gewalttätig, erpresserisch, aggressiv, angriffslustig, streitsüchtig**

Art der Charakterisierung: **IV**

d) Ralf: **bedrohlich, gefährlich, beherrschend, überlegen**

Art der Charakterisierung: **II**

Bewertung

- Aufgabe 1: Du erhältst einen Punkt für jedes übereinstimmende Synonym.
- Aufgabe 2: Für jedes passende Antonym bekommst du einen Punkt.
- Aufgabe 3: Für jedes korrekt durchgestrichene Wort erhältst du einen Punkt.
- Aufgabe 4: Für jedes passende Adjektiv erhältst du ebenso einen Punkt wie für jede richtige Zuordnung.

	++	+	O	–
Punkte	24–21	20–14	13–10	≤ 9

Test 14
Gestaltende Interpretation

Aufgaben

Lies den folgenden Text und bearbeite anschließend die nachfolgenden Aufgaben.

Dirk Wegner: Der Riss

Jochen saß bewegungslos am Schreibtisch und starrte aus dem Fenster auf die kahle Wand des Nachbarhauses. Abgeblätterter Putz wohin man blickte, schäbige kleine Toilettenfenster, ein breiter Riss, der über die gesamte Hausfront lief. Sonst nichts, kein Himmel, keine Bäume, keine Menschen, nichts. Nur die Wand, die Wand mit dem Riss, dem mächtigen schwarzen Riss, wie ein düsterer Strom zu einem riesigen finsteren Meer.
Plötzlich ging das Licht hinter Krauses Toilettenfenster an, ein Schatten war schemenhaft hinter der Gardine zu erkennen. War wohl der alte Krause, bestimmt gerade von der Arbeit gekommen. Unwillkürlich zuckte Jochen ein wenig zusammen: Dann mussten sie jetzt auch bald nach Hause kommen. Wie gelähmt, ohne den Kopf zu bewegen, sah Jochen aus den Augenwinkeln auf die kleine Uhr, die auf seinem Schreibtisch stand. Kurz vor fünf. Seine Finger umklammerten die Armlehnen. Er würde sie schon hören, bevor sie die Wohnung betraten, bevor sie die Haustüre öffneten. Sie würden sich schon auf dem Gehweg vor dem Haus streiten und die Nachbarn alarmieren, die sicher schon gebannt hinter ihren Türspionen lauerten, um das tägliche Spektakel mit anzusehen: wie seine Eltern sich gegenseitig beschimpfend durch das Treppenhaus stampfen, polternd die Wohnungstüre aufstoßen und sich wütend anschreien. Die Gesichtszüge seines Vaters werden härter, Augen und Mund ganz schmal: Er tobt, droht mit den Händen, brüllt jetzt die Mutter an … Die sagt nichts mehr, ist ganz still. Steht unbeweglich da mit stumpfen Augen und sagt nichts, hat immer nur rote Augen. Und Jochen steht hinter der Tür, kann nichts tun, was soll er denn tun, sein Vater ist so wütend, der würde ihn in seiner Wut bestimmt schlagen, vielleicht die Mutter schlagen, in seiner Wut. Und so bleibt Jochen am Schreibtisch sitzen, bis alles vorbei ist, wie lange, weiß er nicht, aber irgendwann ist es vorbei, es dauert lange, aber dann ist es irgendwann vorbei, es ist sicher schon Abend, und dann schleicht er sich in die Küche, da steht sein Teller mit Essen, die Mutter nicht zu sehen, der Vater nicht zu hören, die ganze Wohnung wie verwaist, totenstill, und er nimmt den Teller und setzt sich an den Schreibtisch. Und dann schleudert er den Teller mit aller Gewalt dem Riss entgegen.

Punkte

1 Kreuze an, ob die folgenden Aussagen über die gestaltende Interpretation zutreffen oder nicht. 6

Aussage	trifft zu	trifft nicht zu
a) Der literarische Text dient nur als Grundlage meiner eigenen Ideen und ist deshalb nicht so wichtig.	☐	☐
b) Ich muss mich gut in die Figur hineinversetzen, aus deren Sicht ich z. B. einen Brief oder einen Tagebucheintrag schreibe.	☐	☐
c) Rechtschreibung und Zeichensetzung sind nicht so wichtig, weil es eine kreative Aufgabe ist.	☐	☐
d) Orte, Zeitangaben, Ereignisse, Figuren sowie deren Gedanken und Gefühle dürfen in einer gestaltenden Interpretation leicht verändert werden.	☐	☐
e) Bevor ich die gestalterische Aufgabe löse, muss ich erst den literarischen Text verstanden/interpretiert haben.	☐	☐
f) Ich muss meine Sprache an die Figuren anpassen, aus deren Perspektive ich z. B. einen inneren Monolog oder einen Dialog verfasse.	☐	☐

2 Notiere jeweils zwei Adjektive, die Jochens Gefühlslage am Anfang, während des Streits der Eltern und am Ende möglichst zutreffend beschreiben. 6

Am Anfang: ______________________________

Während des Streits: ______________________________

Am Ende: ______________________________

3 Kennzeichne stichwortartig Jochens Verhältnis zu seinen Eltern. 4

a) Zur Mutter: ______________________________

____

____

____

b) Zum Vater:

4 In einer gestaltenden Interpretation sollen die Schülerinnen und Schüler der Klasse 7a einen kurzen Dialog zwischen Jochen und seinen Eltern schreiben, der sich im Anschluss an die im Text geschilderten Ereignisse entspinnt.

Simon hat folgenden Text geschrieben:

Jochens Zimmer, unmittelbar nach dem Tellerwurf.

Vater (kommt in Jochens Zimmer gestürmt): Um Gottes Willen, was ist denn hier passiert?

Mutter (bleibt im Türrahmen stehen): Das Fenster ist ja total hinüber!

Vater: Und überall liegen Scherben herum!

Jochen (zuckt mit den Schultern): Mann Alter, was soll der Stress? Reg dich ab! Ist doch nichts passiert, nur'n paar Scherben!

Mutter: Nur ein paar Scherben? Das Fenster ist komplett zersprungen!

Jochen: Wegen ein paar Scherben so'n Theater zu machen! Ihr regt euch auch über alles auf! Deshalb habt ihr auch ständig Streit miteinander!

Vater: Hast ja recht!

Mutter: Ja, du hast recht, ab jetzt soll alles anders werden!

a) Zum Teil entspricht das *Verhalten* der Personen in Simons Text nicht der Textvorlage. Nenne drei solcher Verhaltensweisen und begründe jeweils, warum dieses Verhalten unpassend ist. 6

-
-
-

b) Auch die *Sprache* der Personen ist nicht immer der Situation angemessen. Nenne ein Beispiel und begründe deine Entscheidung. 2

30 Minuten

Lösungsvorschlag

1 Merkmale der gestaltenden Interpretation bestimmen können

Aussage	trifft zu	trifft nicht zu
a) Der literarische Text dient nur als Grundlage meiner eigenen Ideen und ist deshalb nicht so wichtig.	☐	☒
b) Ich muss mich gut in die Figur hineinversetzen, aus deren Sicht ich z. B. einen Brief oder einen Tagebucheintrag schreibe.	☒	☐
c) Rechtschreibung und Zeichensetzung sind nicht so wichtig, weil es eine kreative Aufgabe ist.	☐	☒
d) Orte, Zeitangaben, Ereignisse, Figuren sowie deren Gedanken und Gefühle dürfen in einer gestaltenden Interpretation leicht verändert werden.	☐	☒
e) Bevor ich die gestalterische Aufgabe löse, muss ich erst den literarischen Text verstanden/interpretiert haben.	☒	☐
f) Ich muss meine Sprache an die Figuren anpassen, aus deren Perspektive ich z. B. einen inneren Monolog oder einen Dialog verfasse.	☒	☐

2 Gefühle einer literarischen Figur durch Adjektive beschreiben können

Die angegebenen Lösungen bieten nur eine Orientierungshilfe; andere Ergebnisse können ebenfalls richtig sein.

Am Anfang: **antriebslos**, **bedrückt** (*oder*: bekümmert, betrübt, deprimiert, wie gelähmt)

Während des Streits der Eltern: **verzweifelt**, **verängstigt** (*oder*: **mutlos**, **verzagt**, **aufgewühlt**)

Am Ende: **aggressiv**, **wütend** (*oder*: **empört**, **aufgebracht**, **entrüstet**)

3 Das Verhältnis zweier Figuren stichpunktartig darstellen können

Die angegebene Lösung bietet nur eine Orientierungshilfe; andere Ergebnisse können ebenfalls richtig sein.

a) *Zur Mutter:* Jochen befindet sich in einem <u>Zwiespalt</u>: Einerseits <u>verabscheut</u> er ihren täglichen Streit mit dem Vater, andererseits <u>bemitleidet</u>

Jochen seine Mutter, weil sie sich selbst nicht wehren kann. Zudem hat Jochen seiner Mutter gegenüber Schuldgefühle, weil er sich nicht traut, ihr zu helfen. Eine Kommunikation mit ihr bleibt aus.

b) *Zum Vater:* Jochen hat Angst vor seinem Vater, den er als Bedrohung für seine Mutter und sich selbst erlebt, denn der Vater wirkt unberechenbar in seiner Wut. Eine Kommunikation zwischen Jochen und ihm kommt ebenfalls nicht zustande.

4 Fehler in einer gestaltenden Interpretation bezüglich des Verhaltens und der Sprache der Figuren erkennen können

Die angegebene Lösung bietet nur eine Orientierungshilfe; andere Ergebnisse können ebenfalls richtig sein.

a) *Verhaltensweisen* der Personen, die nicht der Textvorlage entsprechen:
- „Jochen (zuckt mit den Schultern)“ (Z. 8): Der ständige Streit der Eltern, der ja die Ursache für den Tellerwurf darstellt, belastet Jochen schwer. Deshalb reagiert er gewiss nicht gleichgültig auf die Bestürzung der Eltern. Da Jochen zudem sehr sensibel zu sein scheint, ist es auch sehr unwahrscheinlich, dass er die Gleichgültigkeit nur vorspielt.
- „Vater: Hast ja recht!“ (Z. 16): Mit dem Tellerwurf hat Jochen vermutlich die Fensterscheibe zerstört, vielleicht sind die Scherben sogar auf die Straße gefallen und haben Menschen verletzt. Angesichts des von Jochen verursachten Schadens und der Gefahren für ihn und unbeteiligte Passanten müsste der Vater Jochen nachdrücklich auf sein Fehlverhalten hinweisen. Vor allem aber widerspricht sein schnelles Einlenken dem aufbrausenden Charakter des Vaters.
- Auch die Mutter erklärt sich sofort zur Versöhnung bereit (vgl. Z. 17), ohne die Ursachen für Jochens Tellerwurf zu hinterfragen. Der Konflikt mit ihrem Mann, der Ursache des ständigen Streits ist, wird zudem nicht thematisiert. Der Schluss des Dialogs wirkt deshalb unglaubwürdig.

b) *Sprache* der Personen in Simons Text, die der Situation nicht angemessen ist: „Mann Alter, was soll der Stress?“ (Z. 8 f.): Jochen hat gerade mutwillig die Fensterscheibe zerstört, sein Zimmer verwüstet, vielleicht auch andere Personen in Gefahr gebracht. Ganz sicher ist Jochen auch selbst über sein Verhalten bestürzt, weil er in der Kurzgeschichte als unsicherer Mensch geschildert wird, weshalb diese Sprache nicht zu seinem Charakter passt. Dass er seinem Vater, von dem er merklich eingeschüchtert ist, so unbeeindruckt begegnet, ihn sogar mit seiner Äußerung direkt angreift, ist unglaubwürdig.

Bewertung

- Aufgabe 1: Für jedes richtig gesetzte Kreuz erhältst du einen Punkt.
- Aufgabe 2: Für jedes passende Adjektiv erhältst du einen Punkt.
- Aufgabe 3a): Du musst sinngemäß Jochens Zwiespalt zwischen Abscheu und Mitleid sowie seine Schuldgefühle erkannt haben, um einen Punkt zu erhalten. Einen weiteren Punkt bekommst du, wenn du diese Aussagen sinnvoll begründet hast: Wehrlosigkeit der Mutter, eigene Hilflosigkeit.
- Aufgabe 3b): Wenn du sinngemäß erfasst hast, dass Jochen den Vater als Bedrohung ansieht und Angst vor ihm hat, erhältst du einen Punkt. Für die Begründung dieser Aussage bekommst du einen weiteren Punkt: Der Vater wirkt unberechenbar in seiner Wut.
- Aufgabe 4: Für jedes passende Beispiel erhältst du einen Punkt, für jede sinnvolle Begründung ebenfalls.

	++	+	O	–
Punkte	24–21	20–14	13–10	≤ 9

Klassenarbeit 1
Unfallbericht

Aufgabe

Verfasse einen Unfallbericht. Gehe dabei von folgenden Zeugenaussagen aus:

Leon Müller

Mein Name ist Leon Müller, ich bin 14 Jahre alt, wohne in der Reinsburgstraße 13 in Stuttgart und besuche die achte Klasse des Johannes-Kepler-Gymnasiums.

Als die Schule aus war – die fünfte Stunde endet bei uns um 12.30 Uhr – habe ich mich schnell mit dem Kickboard auf den Weg nach Hause gemacht, weil ich montags immer um 14.00 Uhr schon wieder Judo-Training habe. Ich bin also losgeflitzt und habe schon aus einiger Entfernung gesehen, dass die Fußgängerampel an der Schlossstraße gerade grün wird, weshalb ich natürlich noch mehr Gas gegeben habe. Als ich aber nur noch ein oder zwei Meter von der Straße entfernt war, zeigte die Fußgängerampel plötzlich Rot, weshalb ich mein Kickboard ganz schnell nach links gezogen habe – bremsen konnte ich sowieso nicht mehr.

Dann muss ich mit dieser alten Frau zusammengestoßen sein, das weiß ich aber nicht mehr so richtig. Ich weiß nur, dass ich auf einmal am Boden lag und mir mein linker Arm und mein linkes Knie höllisch wehtaten. Und die alte Frau lag auf dem Bauch und wimmerte vor sich hin. Zum Glück ist dann eine junge Frau angerannt gekommen, die der alten Frau ihre Jacke unter den Kopf gelegt hat. Auch andere Leute sind stehen geblieben und haben mich gefragt, ob alles mit mir in Ordnung ist. Mir ging es ganz gut, nur meine Jacke und meine Hose waren aufgescheuert und ein wenig habe ich geblutet. Und kurz darauf kam auch schon der Krankenwagen – keine Ahnung, wer den gerufen hat.

Der eine Sanitäter hat sich dann um die alte Frau gekümmert, der andere kam zu mir und hat mir geholfen. Die alte Frau musste auf einer Trage in den Krankenwagen geschoben werden und ich bin auch hinten mitgefahren. Im Krankenhaus wurden meine Wunden gesäubert und verbunden. Meine Mutter, die jemand angerufen hatte, holte mich dann ab.

Natürlich tut mir die Sache sehr leid. Morgen will ich die alte Frau im Krankenhaus besuchen, hoffentlich wird sie wieder ganz gesund. Mein Vater will auch mitkommen. Er sagt, dass wir auf jeden Fall den Rollator[1] bezahlen müssen, der bei dem Unfall wohl kaputtgegangen ist. Mein Kickboard ist auch hinüber, der Rahmen ist ganz verzogen. Ich weiß aber auch gar nicht, ob ich wieder eines haben will. Irgendwie sind die Dinger doch gefährlich.

Margarete Schulze

Ich heiße Margarete Schulze, bin Rentnerin und wohne im Altenwohnstift in der Karlsstraße 14 in Stuttgart. Letzten Monat habe ich meinen 91. Geburtstag gefeiert.

An diesem Morgen bin ich erst spät aus dem Haus gekommen, weil mich noch eine ehemalige Nachbarin besucht hat. Sie kommt immer am ersten Montag eines Monats bei mir vorbei, und deshalb war es keine Überraschung, dass sie auch am Morgen dieses 2. Juni vor meiner Türe stand. Wir haben beim Plaudern ganz die Zeit vergessen, weshalb ich auch ziemlich in Eile war, als ich um 12.30 Uhr endlich das Haus verlassen konnte, um noch schnell zum Bäcker zu gehen, bevor er schließt. Ich eilte deshalb die Schlossstraße hinauf und wollte an der Einmündung der Johannesstraße den Fußgängerüberweg über die Schlossstraße benutzen, um auf die andere Straßenseite zu kommen.

Kurz bevor ich den Fußgängerüberweg erreichte, hat mich plötzlich jemand schräg von vorne mit großer Wucht umgestoßen, sodass ich auf meinen rechten Arm gefallen bin, der sofort wie Feuer zu brennen begann. Vor Schmerz habe ich mich auf den Bauch gedreht – ich konnte an gar nichts mehr denken, nur noch das Stechen im Arm habe ich gefühlt.

Dann hat mir jemand eine Jacke unter den Kopf geschoben und mit mir gesprochen, bis der Krankenwagen kam. Der Sanitäter hat mich auf den Rücken gedreht, meine Beine hochgehalten und mich mit so einer glänzenden Decke zugedeckt. Schließlich wurde ich auf die Trage gehoben und mit dem Krankenwagen ins Krankenhaus gebracht.

Dort hat man mich geröntgt und dabei festgestellt, dass ich mir den rechten Arm gebrochen habe, der dann auch sofort gegipst wurde. Auch wenn das eigentlich keine große Sache ist, muss ich wegen meines hohen Alters noch ein paar Tage zur Beobachtung im Krankenhaus bleiben. Ich hoffe nur, dass der Arm in meinem Alter überhaupt noch richtig verheilt!

Heike Härtler

Mein Name ist Heike Härtler. Ich bin Bankangestellte der Bestmoney-Bank, 24 Jahre alt, ledig und wohne in der Vogelsangstraße 2 in Stuttgart.

Normalerweise beginnt meine Mittagspause um 12.30 Uhr, aber heute bin ich erst gegen 12.40 Uhr aus der Bank herausgekommen. Als ich die Stufen vor der Bank hinablief, sah ich eine alte Frau und einen Jungen direkt an der Kreuzung Johannes-/Schlossstraße auf dem Boden liegen. Offenbar hatte der Junge die Frau mit dem Kickboard umgefahren. Natürlich bin ich ganz schnell zu den beiden gerannt und habe der alten Frau, die auf die rechte Seite gefallen war, meine Jacke unter den Kopf geschoben und sie angesprochen, um zu sehen, ob sie ohnmächtig ist. Sie hatte aber die Augen geöffnet und hat leise vor sich hin gewimmert. Weil sich um den Jungen offenbar andere Leute kümmerten, habe ich mich wieder der alten Frau zugewendet, die inzwischen am ganzen Körper zitterte.

Ich habe schnell einen Krankenwagen angefordert, der dann auch kurz darauf gekommen ist. Als ich sah, dass die alte Frau gut versorgt wurde, habe ich mir noch schnell ein belegtes Brötchen beim Bäcker geholt, damit ich in der Mittagspause wenigstens eine Kleinigkeit zu essen hatte. Als ich zurückkam, war der Krankenwagen schon weggefahren.

Es ist nur zu hoffen, dass die alte Frau keine bleibenden Schäden davonträgt, denn in diesem Alter können schon kleine Brüche schlimme Folgen haben. Und hoffentlich hat der Junge seine Lektion gelernt und fährt demnächst nicht mehr in so einem Affenzahn, wenn er auf dem Bürgersteig unterwegs ist.

Anmerkung

1 Rollator: fahrbare Gehhilfe

90 Minuten

Lösungsvorschlag

Eine Auflistung der wichtigsten Merkmale eines Unfallberichts findest du im Kapitel „Übersicht über die Aufsatzformen" vorne im Buch (S. 4 ff.).

Die Aufgabenstellung erschließen

- Grundlage des Unfallberichts sind die drei Zeugenaussagen, weshalb du nur Informationen benutzen kannst, die darin enthalten sind.
- Manchmal wird ein bestimmter Adressat für einen Unfallbericht angegeben, z. B. die Polizei oder eine Versicherung. Wenn ein solcher Adressat in der Aufgabenstellung vorgegeben ist, musst du in der Einleitung kurz darauf eingehen. Hier ist kein Adressat genannt.

Zeiteinteilung

- 30 Min. für Vorarbeiten:
  - 15 Min. für das Lesen und Auswerten der Zeugenaussagen (Wer? Wo? Wann? Was? Wie? Welche Folgen?)
  - 15 Min. für den Schreibplan
- 45 Min. für die Niederschrift
- 15 Min. für Verbesserungen

Tipps für deinen Aufsatz

Vorgehensweise:

- Lies die Zeugenaussagen aufmerksam durch. Unterstreiche dabei alle Angaben, die Antworten auf die W-Fragen geben.
- Verfasse den Unfallbericht und korrigiere deinen Aufsatz anschließend inhaltlich. Achte auch auf Rechtschreib-, Zeichensetzungs-, Grammatik- und Ausdrucksfehler.

Sprache:

- Achte beim Verfassen des Unfallberichts auf das richtige Tempus (Präteritum; Vorzeitigkeit: Plusquamperfekt). Die Folgen des Unfalls werden im Präsens dargestellt, wenn sie sich noch bis heute auswirken (z. B. „Margarete Schulzes Arm *ist* gebrochen, weshalb sie noch im Krankenhaus bleiben *muss*.")
- Berichte sachlich und vermeide persönliche und gefühlsbetonte Darstellungen. (Beispiel: „Leon erhöhte das Tempo" ist sachlich und objektiv, „Leon sauste los wie ein Irrer" beinhaltet eine subjektive Wertung und ist sprachlich unangemessen.)

- Dein Bericht wird genauer, wenn du Gegenstände mit dem richtigen bzw. möglichst passenden Begriff benennst (z. B. „Kickboard" als genaue Bezeichnung für Leons Gefährt).
- Zeige Zusammenhänge auf, indem du geeignete Präpositionen und Konjunktionen verwendest.

Schreibplan

Einleitung mit W-Fragen

Wer?	Leon Müller und Margarete Schulze
Wo?	Stuttgart, Gehweg Ecke Schloss- / Johannesstraße
Wann?	Montag, 2. Juni, gegen 12.40 Uhr
Was?	Leon Müller stieß auf seinem Kickboard mit der Fußgängerin Margarete Schulze zusammen
Folgen?	Leichte Schürfwunden bei Leon Müller, Frau Schulze brach sich den rechten Arm

Hauptteil – Ablauf in Einzelschritten

Stelle den Verlauf des Unfalls genau und in der richtigen Abfolge der Ereignisse dar (Frage: Wie?).

- Leon Müller fuhr mit seinem Kickboard auf die Kreuzung Schloss- / Johannesstraße zu.
- Er beschleunigte, um die Straße bei Grün zu überqueren.
- Die Ampel schaltete plötzlich auf Rot.
- Leon riss das Kickboard nach links, um nicht auf die Straße zu fahren, und stieß mit Margarete Schulze zusammen.
- Durch den Zusammenstoß stürzten beide.

Schluss

Zeige zum Schluss, welche Folgen sich für die betroffenen Personen aus dem Unfall ergeben (Personenschäden) und ob und in welcher Art Gegenstände beschädigt wurden (Sachschäden).

- Leon schürfte sich den linken Arm und das linke Knie auf, Frau Schulze brach sich den rechten Arm.
- Sowohl das Kickboard als auch Frau Schulzes Rollator wurden stark beschädigt.

Musterlösung:

Am Montag, den 2. Juni stieß der 14-jährige Schüler Leon Müller gegen 12.40 Uhr auf dem Bürgersteig Ecke Schloss-/Johannesstraße in Stuttgart auf seinem Kickboard mit der 91-jährigen Rentnerin Margarete Schulze zusammen. Durch die Kollision stürzte Leon zu Boden, schürfte sich den linken Arm und das linke Knie auf und riss im Fallen Frau Schulze mit sich, die sich den rechten Arm brach.	**Einleitung** *Wann, Wo, Wer, Was?* Präzise Benennung (Kickboard) Folgen (knapp)
Leon Müller, wohnhaft in der Reinsburgstraße 13 in Stuttgart, befuhr am Montag, den 2. Juni nach 12.30 Uhr mit seinem Kickboard den linken Gehweg entlang der Johannesstraße Richtung Schlossstraße, die er auf dem Fußgängerüberweg überqueren wollte. Als er sich der Schlossstraße näherte, schaltete die Fußgängerampel auf Grün, sodass Leon das Tempo erhöhte. Kurz bevor er den Fußgängerüberweg erreichte, zeigte die Ampel Rot, weshalb Leon sein Kickboard ruckartig nach links lenkte, wo er gegen 12.40 Uhr mit der 91-jährigen Rentnerin Margarete Schulze, wohnhaft Karlsstraße 14 in Stuttgart, zusammenstieß, die sich in diesem Moment mit ihrem Rollator dem Fußgängerüberweg näherte. Durch den Zusammenstoß stürzte Leon Müller und riss Margarete Schulze und ihren Rollator mit sich zu Boden.	**Hauptteil** *Wie?* Wichtige Einzelheiten (linker Gehweg) Zeitliche Abfolge Objektivität (innerer Abstand) Sachliche Sprache (klar, genau; keine Wertungen) Tempus: Präteritum
Bei dem Aufprall schürfte sich Leon den linken Arm und das linke Knie auf, Frau Schulze brach sich den rechten Arm. Der kurz nach dem Unfall herbeigerufene Notarzt wies beide Verletzte ins Krankenhaus ein. Leons leichte Verletzungen konnten ambulant versorgt werden. Margarete Schulze hingegen, deren Arm gegipst wurde, muss aufgrund ihres hohen Alters noch einige Tage zur Beobachtung im Krankenhaus bleiben.	**Schluss** *Welche Folgen?* Folgen für beteiligte Personen
Leons Kickboard und Frau Schulzes Rollator wurden bei dem Unfall so stark beschädigt, dass sie nicht mehr repariert werden können.	Sachschäden

Bewertung Unfallbericht

In der folgenden Tabelle sind die wichtigsten Kriterien zur Beurteilung deiner Arbeit aufgelistet. Sieh dir diese Kriterien genau an und untersuche, ob du sie in deiner Klassenarbeit immer (+), meistens (O) oder selten/nie (–) berücksichtigt hast. Weise dir die vorgegebenen Punkte zu.

Aspekte	**Kriterium**	**+**	**O**	**–**
SPRACHE UND FORM		**2 P.**	**1 P.**	**0 P.**
Tempus	Du verwendest Präteritum (Vorzeitigkeit: Plusquamperfekt; Folgen: Präsens).	☐	☐	☐
Stil	Deine Sprache ist sachlich-neutral.	☐	☐	☐
Wortwahl	Deine Wortwahl ist präzise (z. B. „Kickboard").	☐	☐	☐
Satzbau	• Der Satzbau ist grammatisch korrekt. • Deine Sätze sind übersichtlich und gut verständlich. • Du verbindest deine Sätze miteinander durch Konjunktionen.	☐	☐	☐
Rechtschreibung	Rechtschreibung und Zeichensetzung sind korrekt.	☐	☐	☐
ARGUMENTATION		**2 P.**	**1 P.**	**0 P.**
Reihenfolge	Der Verlauf des Unfalls wird genau und in der richtigen Reihenfolge dargestellt.	☐	☐	☐
Logik	Dein Text weist keine Widersprüche oder Lücken auf.	☐	☐	☐
AUFBAU		**1 P.**	**0,5 P.**	**0 P.**
Gliederung	Dein Text ist übersichtlich und sinnvoll in Einleitung, Hauptteil und Schluss gegliedert.	☐	☐	☐
INHALT		**1 P.**	**0,5 P.**	**0 P.**
	Wer: Leon Müller, 14 Jahre, Schüler; Margarete Schulze, 91 Jahre, Rentnerin	☐	☐	☐
	Wann: Montag, 2. Juni, gegen 12.40 Uhr	☐	☐	☐
	Wo: Stuttgart, Ecke Schloss-/Johannesstraße, linker Gehweg	☐	☐	☐

Aspekte INHALT	**Kriterium**	**+ 1 P.**	**○ 0,5 P.**	**– 0 P.**
	Zusammenstoß zwischen Leon auf seinem Kickboard und der Fußgängerin Frau Schulze.	☐	☐	☐
	Leon fuhr sehr schnell. Die Fußgängerampel schaltete auf Rot, Leon konnte nicht mehr bremsen.	☐	☐	☐
	Leon riss das Kickboard nach links und stieß mit Frau Schulze zusammen.	☐	☐	☐
	Leon und die Frau fielen auf den Bürgersteig.	☐	☐	☐
	Folgen: Leon schürfte sich den linken Arm und das linke Knie auf, Frau Schulze brach sich den rechten Arm.	☐	☐	☐
	Folgen: Leons Kickboard und Frau Schulzes Rollator wurden stark beschädigt.	☐	☐	☐
	Erreichte Punkte in den Kategorien (+, ○, –)			
	Deine Gesamtpunktzahl (max. 24 Punkte)			

	++	+	○	–
Punkte	24–21	20–14	13–10	≤ 9

Klassenarbeit 2
Personenbeschreibung

Aufgabe

Beschreibe die auf der Fotografie abgebildete Person möglichst genau.

Anmerkung: Wenn wir einer Person frontal gegenüberstehen, ist deren *rechter* Arm für uns auf der *linken* Seite. In der Beschreibung benennst du ihn aber als *rechten Arm* der Person. Beispiel: Bei der hier abgebildeten Frau ist die Blume in das Haar oberhalb des *linken* Ohrs gesteckt.

90 Minuten

Lösungsvorschlag

Eine Auflistung der wichtigsten Merkmale einer Personenbeschreibung findest du im Kapitel „Übersicht über die Aufsatzformen" vorne im Buch (S. 4 ff.).

Die Aufgabenstellung erschließen

- Eine „möglichst genaue" Beschreibung ist gründlich, kann aber nicht jedes Detail enthalten, weil du in der vorgegebenen Zeit den Aufsatz planen, schreiben und verbessern können musst.
- Die Aufgabenstellung ist sehr allgemein gehalten und gibt keine Auskunft über einen speziellen Anlass für die Beschreibung. Deshalb musst du bei der Beschreibung einen objektiven, neutralen Standpunkt einnehmen.

  Manchmal wird in einer Aufgabe zur Personenbeschreibung ein bestimmter Anlass angegeben, der z. B. darin besteht, den Steckbrief einer Freundin zu verfassen, eine Täterbeschreibung bei der Polizei abzugeben oder ein Starporträt für eine Zeitschrift zu schreiben. Wenn es einen solchen Anlass gibt, musst du deinen Aufsatz auf den Leser ausrichten.

Zeiteinteilung

- 30 Min. für Vorarbeiten:
  - 15 Min. für die Sammlung der Merkmale
  - 15 Min. für den Schreibplan
- 45 Min. für die Niederschrift
- 15 Min. für Verbesserungen

Tipps für deinen Aufsatz

Vorgehensweise

- Notiere deinen ersten Eindruck von der Person. Das ist wichtig, weil man seine ersten Beobachtungen und Empfindungen sehr schnell wieder vergisst, wenn man ein Bild genauer betrachtet.
- Liste nun die Bereiche auf, die du beschreiben willst: Augen, Nase, Mund, Körperhaltung etc. Lege dann eine stichwortartige Sammlung der Personenmerkmale an und ordne sie in einem Schreibplan.
- Verfasse die Personenbeschreibung und korrigiere deinen Aufsatz anschließend. Achte auf inhaltliche Unstimmigkeiten und verbessere Rechtschreib-, Zeichensetzungs-, Grammatik- und Ausdrucksfehler.

Sprache

- Schreibe im Präsens.
- Beschreibe sachlich und vermeide gefühlsbetonte Darstellungen, die erst am Schluss erlaubt sind, wenn du die Wirkung der Person schilderst. (Beispiel: „Die Frau lächelt" ist eine sachliche Beschreibung einer objektiv beobachtbaren Tatsache, „Die Frau ist freundlich" ein subjektiver Rückschluss auf den Charakter der Frau.)
- Deine Beschreibung wird genauer, wenn du Gegenstände mit dem richtigen bzw. möglichst passenden Nomen (z. B. „Kimono") benennst und durch passende Adjektive (z. B. „in dem ovalen, schmalen und hellhäutigen Gesicht") anschaulich charakterisierst.
- Zeige Zusammenhänge auf, indem du geeignete Präpositionen und Konjunktionen verwendest.

Schreibplan

Einleitung

Überblick

- Statur und Alter der Frau: schlank, zierlich, ca. 20 bis 25 Jahre alt, asiatisches Aussehen
- von Kopf bis Fuß abgebildet (Ganzfigur)
- von vorne dargestellt (Frontalansicht)

Hauptteil

- *Körperhaltung:* aufrecht, entspannt hängende Schultern, Arme am Körper anliegend, Hände halten vor dem Oberkörper einen Fächer, linker Fuß ist ein wenig nach vorne versetzt
- *Gesicht:* oval, schmal, hellhäutig; *Augen:* dunkel, mandelförmig, Blick nach links gerichtet; *Nase:* schmal; *Mund:* lächelnd, weiße obere Zähne zu sehen; *Haare:* schwarz, rechts gescheitelt, im Nacken zu einem Knoten zusammengefasst, mit einer Blüte über dem linken Ohr geschmückt
- *Kleidung/besondere Kennzeichen:* Kimono mit auffälligem Blumenmuster, weite Ärmel, durch breiten Gürtel zusammengehalten, Riemensandalen, nahezu runder Fächer

Schluss

Gesamteindruck, Wirkung

- exotischer Eindruck, vielleicht Japanerin
- freundlich und sympathisch, eventuell zurückhaltend

Musterlösung:

Die Fotografie zeigt eine schlanke, lächelnde Frau asiatischen Aussehens von etwa 20 bis 25 Jahren, die von Kopf bis Fuß (Ganzfigur) abgebildet ist und dem Betrachter ihre Vorderseite zukehrt (Frontalansicht).

Überblick: Statur, Geschlecht, Alter; Bildausschnitt, Ansicht

Ihr leicht nach rechts geneigter Kopf ruht auf einem kurzen, schmalen Hals. Unterhalb der entspannt hängenden Schultern liegen die beiden Oberarme am Körper an, die Hände sind auf dem Bauch zusammengelegt, wobei die linke Hand locker über der rechten liegt und sie fast vollständig verdeckt. In der rechten Hand hält die Frau einen Fächer vor dem Körper, der mit dem oberen Rand knapp unterhalb der rechten Schulter auf ihrem Arm aufliegt. Während das linke Bein etwas nach vorne versetzt steht, ist das rechte Bein zurückgesetzt, wodurch der rechte Fuß teilweise verdeckt wird.

Körperhaltung

In dem ovalen, schmalen und hellhäutigen Gesicht treten vor allem die dunklen, mandelförmigen Augen hervor. Der Blick ist schräg nach links oben gerichtet. Oberhalb der Augen sind die zwei gleichmäßig geformten, dunklen Augenbrauen zu sehen, die von der Nasenwurzel ausgehend leicht nach oben gezogen nach außen führen. Die Nase ist klein, mit schmalem Nasenrücken. Darunter ist der Mund leicht zu einem Lächeln geöffnet, sodass zwischen den schmalen Lippen die weißen oberen Zähne zu sehen sind. Die schwarzen Haare sind auf Höhe der rechten Augenbraue gescheitelt, glatt nach hinten frisiert und am Hinterkopf zu einem Knoten gesteckt, wobei sie das linke Ohr frei lassen; das rechte Ohr ist nicht zu sehen. Geschmückt wird die Frisur links über dem Haarknoten mit einer großen hellen Blüte.

Gesicht: Augen, Nase, Mund, Haare

Schon beim ersten Anblick fällt die für einen europäischen Betrachter ungewöhnliche Kleidung ins Auge: Die junge Frau trägt einen weitärmeligen, die gesamten Arme bedeckenden und bis zu den Fußknöcheln reichenden Kimono, der in Brusthöhe durch einen breiten, zweifarbigen Gürtel zusammengehalten wird, sowie japanische Riemensandalen.

Kleidung, Besondere Kennzeichen

Auf dem Kimono sind auf dunklem Hintergrund helle Blumen in unterschiedlicher Größe abgebildet, deren

Kimono

Blüten zum Teil aus großen Blütenblättern bestehen, teilweise aus filigranen, leicht gebogenen Linien gebildet werden, die einem Mittelpunkt wie ein Feuerwerk entsprießen.

Fächer

Passend zu dieser Kleidung ist der Fächer gestaltet, dessen Holzgriff die Frau in der rechten Hand hält und der schräg zur rechten Schulter zeigt. Der Fächer sieht aus wie ein großes ovales, nach oben breiter werdendes Blatt, auf dessen weißer Grundfarbe sich ein dunkleres Strichmuster abhebt.

Riemensandalen

Nach unten abgeschlossen wird die Kleidung durch Sandalen, bei denen die nackten Füße der Frau durch einen zwischen großem und zweitem Zeh durchlaufenden Riemen auf einer dunklen, dicken Holzsohle festgehalten werden.

Gesamteindruck, Wirkung

Die Kleidung weist zusammen mit der Gesichtsform darauf hin, dass es sich bei der abgebildeten Person um eine Japanerin handelt. Weil man in Deutschland selten Menschen sieht, die so angezogen sind, macht die Kleidung einen ziemlich exotischen Eindruck. Durch ihr offenes Lächeln wirkt die Frau schon beim ersten Betrachten sympathisch. Der leicht nach rechts geneigte Kopf und der nicht direkt auf den Betrachter gerichtete Blick vermitteln den Eindruck einer schüchternen Person.

Bewertung

In der folgenden Tabelle sind die wichtigsten Kriterien zur Beurteilung deiner Arbeit aufgelistet. Sieh dir diese Kriterien genau an und untersuche, ob du sie in deiner Klassenarbeit immer (+), meistens (O) oder selten/nie (–) berücksichtigt hast. Weise dir die vorgegebenen Punkte zu.

Aspekte	Kriterium	+	O	–
SPRACHE UND FORM		2 P.	1 P.	0 P.
Tempus	Du verwendest Präsens.	☐	☐	☐
Stil	Deine Sprache ist sachlich-neutral.	☐	☐	☐
Wortwahl	Deine Wortwahl ist präzise (z. B. „Kimono“).	☐	☐	☐
Satzbau	• Der Satzbau ist grammatisch korrekt. • Deine Sätze sind übersichtlich und gut verständlich. • Du verbindest deine Sätze miteinander durch Konjunktionen.	☐	☐	☐
Rechtschreibung	Rechtschreibung und Zeichensetzung sind korrekt.	☐	☐	☐
ARGUMENTATION		2 P.	1 P.	0 P.
Reihenfolge	• Du beschreibst die Person in einer sinnvollen, nachvollziehbaren Reihenfolge. • Zusammengehörende Bereiche des Körpers werden gemeinsam beschrieben (z. B. Augenform, Augenfarbe, Augenbrauen etc.).	☐	☐	☐
Logik	Dein Text weist keine Widersprüche oder Lücken auf.	☐	☐	☐
AUFBAU		1 P.	0,5 P.	0 P.
Gliederung	Dein Text ist übersichtlich und sinnvoll in Einleitung, Hauptteil und Schluss gegliedert.	☐	☐	☐
INHALT		1 P.	0,5 P.	0 P.
	Statur, Geschlecht, Alter: schlank, weiblich, jung	☐	☐	☐
	Körperhaltung: aufrecht, leicht geneigter Kopf	☐	☐	☐
	Gesicht: oval, schmal, hellhäutig	☐	☐	☐

Aspekte INHALT	Kriterium	+ 1 P.	○ 0,5 P.	– 0 P.
	Augen: dunkel, mandelförmig, Augenbrauen: gleichmäßig geformt	☐	☐	☐
	Nase: klein, schmaler Nasenrücken	☐	☐	☐
	Mund, Zähne: lächelnde, schmale Lippen; weiße obere Zähne	☐	☐	☐
	Haare: Haarknoten im Nacken, mit Blüte geschmückt	☐	☐	☐
	Kleidung: Kimono, Gürtel, Sandalen, Fächer	☐	☐	☐
	Wirkung: freundlich, sympathisch	☐	☐	☐
	Erreichte Punkte in den Kategorien (+, ○, –)			
	Deine Gesamtpunktzahl (max. 24 Punkte)			

	++	+	○	–
Punkte	24–21	20–14	13–10	≤ 9

Klassenarbeit 3
Gegenstandsbeschreibung

Aufgabe

Du hast deinen Schulrucksack in der U-Bahn liegen lassen. Verfasse eine möglichst genaue Gegenstandsbeschreibung von dem Rucksack für das Fundbüro.

Anmerkung: Dein Schulrucksack ist 33 cm breit, 43 cm hoch und 22 cm tief und damit so groß, dass ein breiter DIN A4-Ordner hineinpasst.

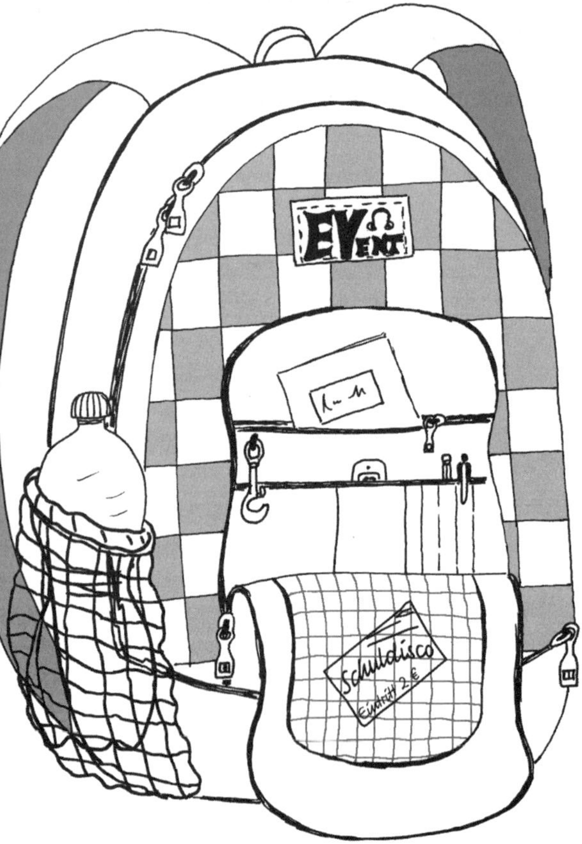

Illustration: Anja Wegner

90 Minuten

Lösungsvorschlag

Eine Auflistung der wichtigsten Merkmale einer Gegenstandsbeschreibung findest du im Kapitel „Übersicht über die Aufsatzformen" vorne im Buch (S. 4 ff.).

Die Aufgabenstellung erschließen

- Denke daran, dass du in der vorgegebenen Zeit den Aufsatz planen, schreiben und verbessern können musst. Beschreibe gründlich, aber halte dich nicht mit Details auf.
- Die Adressaten deiner Beschreibung sind die Mitarbeiter des Fundbüros, weshalb du deinen Rucksack möglichst genau darstellen und zuerst das erwähnen musst, was ihn unverwechselbar macht. Zugleich musst du sachlich bleiben und alles Persönliche weglassen, was du aber eventuell beschreiben würdest, wenn du einer guten Freundin von dem verlorenen Rucksack erzählen würdest.

Zeiteinteilung

- 30 Min. für Vorarbeiten:
  - 10 Min. für die Sammlung der Merkmale,
  - 20 Min. für den Schreibplan
- 45 Min. für die Niederschrift
- 15 Min. für Verbesserungen

Tipps für deinen Aufsatz

Vorgehensweise:
- Notiere zu Beginn deinen ersten Eindruck. Das ist wichtig, weil man seine ersten Beobachtungen schnell wieder vergisst.
- Liste nun die Bereiche auf, die du beschreiben willst: Form, Abmessungen, Auffälliges etc. Lege dann eine stichwortartige Sammlung der Merkmale an und erstelle einen Schreibplan.
- Verfasse deinen Aufsatz und korrigiere ihn anschließend.

Sprache:
- Schreibe im Präsens.
- Beschreibe sachlich. (Beispiel: „Das ‚Event'-Zeichen ist mit sichtbaren Nähten oben auf der Vorderseite aufgesetzt" ist sachlich und objektiv, „Das ‚Event'-Zeichen ist voll cool" eine subjektive Bewertung.) Erst im Schluss kannst du kurz persönlicher werden, wenn du die Bedeutung des Gegenstands für dich selbst schilderst.

- Deine Darstellung wird genauer, wenn du Gegenstände mit einem möglichst passenden Begriff (Nomen) benennst und durch geeignete Adjektive (und Adverbien) sowie Vergleiche anschaulich beschreibst (z. B. „Der Reißverschluss erinnert an einen lächelnden Mund.“).

Schreibplan

Einleitung

Beschreibung des Gesamteindrucks (Abmessungen und Form): unten gerade geschnitten, oben halbrund, Reißverschluss verläuft über die Oberseite und beide Seiten

Hauptteil

Unterschiedliche Reihenfolgen der Beschreibung sind möglich. Für das Fundbüro solltest du zuerst besonders Auffälliges, danach Vorder- und Rückseite sowie die Seiten beschreiben, anschließend wichtige Details erläutern.

- Auffälliges: „Event“-Zeichen auf der karierten Vorderseite
- Reißverschlussfach unterhalb des Zeichens, darunter weiteres Fach über gesamte Breite des Rucksacks; Netztasche an der Seite; Schultergurte an der Rückseite, Aufhänger oben
- vorderes Fach: geräumig, mit weiteren Fächern, Karabiner, Stiftfächer, Netzfach an der Innenseite

Schluss

Fazit, Würdigung, Bedeutung des Gegenstands für dich: praktisch, da alle Utensilien Platz finden; gut zu tragen (breite Schultergurte)

Musterlösung:

Einleitung
Gesamteindruck
Abmessungen, Form

Mein Schulrucksack ist 33 cm breit, 43 cm hoch und 22 cm tief. Unten ist er gerade geschnitten, nur die Ecken sind leicht abgerundet. Über den oberen Teil des Rucksacks und die Seiten verläuft halbkreisförmig ein langer Reißverschluss, der auf beiden Seiten beinahe bis zum Boden des Rucksacks reicht und mit zwei Schiebern auf- und zugezogen werden kann.

Hauptteil
Auffälliges, Charakteristisches

Auffällig an meinem Rucksack ist vor allem das rechteckige „Event"-Zeichen, das oben auf der karierten Vorderseite aufgenäht ist. Alle fünf Buchstaben des „Event"-Schriftzugs sind als schwarze Großbuchstaben in Druckschrift gestaltet, wobei die ersten beiden Buchstaben etwa doppelt so groß sind wie die restlichen drei, oberhalb derer ein Kopfhörer-Emblem zu sehen ist.

Gestaltung (Überblick):
Vorderseite
Vergleich (Mund)
Rückseite

Unterhalb dieses Abzeichens ist ein geräumiges geschwungenes Reißverschlussfach untergebracht, das den Großteil der Vorderseite einnimmt, sowie direkt darunter ein kleines Fach, dessen Reißverschluss in einer sanften, nach oben gebogenen Kurve die gesamte Breite des Rucksacks einnimmt, wodurch es an einen lächelnden Mund erinnert. Auf der linken Seite ist eine Netztasche angebracht, in der man eine Trinkflasche transportieren kann. An der Rückseite sind zwei breite Schultergurte angenäht und oben zwischen den Gurten befindet sich eine Lasche, an der man den Rucksack aufhängen kann.

Wichtige Details:
Gestaltung des großen Vorderfachs
Form
Fächer
Inhalt

Das große Reißverschlussfach bietet durch seine beinahe rechteckige Form viel Platz: die oberen Ecken sind nur leicht abgerundet, unten wird das Fach von dem quer über die gesamte Breite des Rucksacks verlaufenden Reißverschlussfach begrenzt. Innerhalb des Vorderfachs findet sich oben nochmals ein Reißverschlussfach, das über die gesamte Breite verläuft. Direkt unterhalb des Reißverschlusses links ist ein Karabiner befestigt, an den man einen Schlüssel hängen kann, darunter sind von links nach rechts ein größeres und ein etwas kleineres Fach sowie vier Stiftfächer angebracht. Innen in der Außenklappe des Vorderfachs gibt es darüber hinaus ein Netzfach.

Mir gefällt der Rucksack besonders gut, weil ich alle meine Materialien in ihm unterbringen kann und er trotzdem wegen der breiten Schultergurte gut zu tragen ist. Praktisch ist, dass man durch die Vordertasche kleinere, häufig benutzte Gegenstände wie Stifte oder das Hausaufgabenheft stets griffbereit hat. Gut finde ich auch, dass man eine Trinkflasche sicher transportieren kann. Deshalb hoffe ich, dass mein Rucksack bald bei Ihnen abgegeben wird.

Fazit
Schlusswürdigung

Bewertung

In der folgenden Tabelle sind die wichtigsten Kriterien zur Beurteilung deiner Arbeit aufgelistet. Sieh dir diese Kriterien genau an und untersuche, ob du sie in deiner Klassenarbeit immer (+), meistens (O) oder selten/nie (–) berücksichtigt hast. Weise dir die vorgegebenen Punkte zu.

Aspekte	Kriterium	+	O	–
SPRACHE UND FORM		**2 P.**	**1 P.**	**0 P.**
Tempus	Du verwendest Präsens.	☐	☐	☐
Stil	Deine Sprache ist sachlich-neutral.	☐	☐	☐
Wortwahl	Deine Wortwahl ist präzise (z. B. „Emblem“).	☐	☐	☐
Satzbau	• Der Satzbau ist grammatisch korrekt. • Deine Sätze sind übersichtlich und gut verständlich. • Du verbindest deine Sätze miteinander durch Konjunktionen.	☐	☐	☐
Rechtschreibung	Rechtschreibung und Zeichensetzung sind korrekt.	☐	☐	☐
ARGUMENTATION		**2 P.**	**1 P.**	**0 P.**
Reihenfolge	• Du beschreibst den Rucksack in einer sinnvollen, nachvollziehbaren Reihenfolge. • Zusammengehörende Bereiche des Rucksacks werden gemeinsam beschrieben (z. B. Fächer, Nähte, Emblem).	☐	☐	☐
Logik	Dein Text weist keine Widersprüche oder Lücken auf.	☐	☐	☐

Aspekte	Kriterium	+	○	–
AUFBAU		**1 P.**	**0,5 P.**	**0 P.**
Gliederung	Dein Text ist übersichtlich und sinnvoll in Einleitung, Hauptteil und Schluss gegliedert.	☐	☐	☐
INHALT		**1 P.**	**0,5 P.**	**0 P.**
	Gerader Schnitt, leicht abgerundete Ecken	☐	☐	☐
	Oben und an den Seiten großer, halbkreisförmiger Reißverschluss	☐	☐	☐
	Auffällig: Event-Zeichen	☐	☐	☐
	Karierte Vorderseite	☐	☐	☐
	Großteil der Vorderseite: großes Reißverschlussfach, darunter kleineres Fach	☐	☐	☐
	Linke Seite: Netztasche für Trinkflasche	☐	☐	☐
	Rücken: zwei breite Schultergurte, Lasche	☐	☐	☐
	Detailbeschreibung Vorderfach: Karabiner, Stiftfächer, Netztasche innen	☐	☐	☐
	Fazit: schön und praktisch	☐	☐	☐
	Erreichte Punkte in den Kategorien (+, ○, –)			
	Deine Gesamtpunktzahl (max. 24 Punkte)			

	++	+	○	–
Punkte	24–21	20–14	13–10	≤ 9

Klassenarbeit 4
Inhaltsangabe

Aufgabe

Fasse den Inhalt der folgenden Kalendergeschichte schriftlich zusammen.

Johann Peter Hebel (1760–1826): Der Barbierjunge von Segringen (1809)

Man muss Gott nicht versuchen, aber auch die Menschen nicht. Denn im vorigen Spätjahr kam in dem Wirtshause zu Segringen ein Fremder von der Armee an, der einen starken Bart hatte, und fast wunderlich aussah, also, dass ihm nicht recht zu trauen war. Der sagt zum Wirt, eh' er etwas zu essen oder zu trinken fordert: „Habt Ihr keinen Barbier[1] im Ort, der mich rasieren kann?" Der Wirt sagt Ja, und holt den Barbierer[1]. Zu dem sagt der Fremde: „Ihr sollt mir den Bart abnehmen, aber ich habe eine kitzliche Haut. Wenn Ihr mich nicht ins Gesicht schneidet, so bezahl ich Euch vier Kronentaler[2]. Wenn Ihr mich aber schneidet, so stech ich Euch tot. Ihr wäret nicht der Erste." Wie der erschrockene Mann das hörte (denn der fremde Herr machte ein Gesicht, als wenn es nicht vexiert[3] wäre, und das spitzige, kalte Eisen[4] lag auf dem Tisch), so springt er fort und schickt den Gesellen. Zu dem sagt der Herr das Nämliche. Wie der Gesell das Nämliche hört, springt er ebenfalls fort, und schickt den Lehrjungen. Der Lehrjunge lässt sich blenden von dem Geld, und denkt: „Ich wag's. Geratet es, und ich schneide ihn nicht, so kann ich mir für vier Kronentaler einen neuen Rock[5] auf die Kirchweihe[6] kaufen und einen Schnepper[7]. Geratets nicht, so weiß ich, was ich tue"; und rasiert den Herrn. Der Herr hält ruhig still, weiß nicht, in welcher entsetzlichen Todesgefahr er ist, und der verwegene Lehrjunge spaziert ihm auch ganz kaltblütig mit dem Messer im Gesicht und um die Nase herum, als wenn's nur um einen Sechser, oder im Fall eines Schnittes um ein Stücklein Zundel[8] oder Fließpapier[9] darauf zu tun wäre, und nicht um vier Kronentaler und um ein Leben, und bringt ihm glücklich den Bart aus dem Gesicht ohne Schnitt und ohne Blut, und dachte doch, als er fertig war: „Gottlob!"

Als aber der Herr aufgestanden war, und sich im Spiegel beschaut und abgetrocknet hatte, und gibt dem Jungen die vier Kronentaler, sagt er zu ihm: „Aber junger Mensch, wer hat dir den Mut gegeben, mich zu rasieren, so doch dein Herr und der Gesell sind fortgesprungen? Denn wenn du mich geschnitten hättest, so hätt' ich dich erstochen." Der Lehrjunge aber bedankte sich lächelnd für das schöne Stück Geld und sagte: „Gnädiger Herr,

Ihr hättet mich nicht erstochen, sondern, wenn Ihr gezuckt hättet, und ich hätt' Euch ins Gesicht geschnitten, so wär ich Euch zuvorgekommen, hätt' Euch augenblicklich die Gurgel abgehauen und wäre auf und davon gesprungen." Als aber der fremde Herr das hörte, und an die Gefahr dachte, in der er gesessen war, ward er erst blass vor Schrecken und Todesangst, schenkte dem Burschen noch einen Kronentaler extra, und hat seitdem zu keinem Barbier mehr gesagt: „Ich steche dich tot, wenn du mich schneidest."

Quelle: Johann Peter Hebel: Die Kalendergeschichten. Hrsg. von H. Schlaffer/H. Zils. München: dtv 2010, S. 169 f.

Anmerkungen

1 Barbier/Barbierer: Bartschneider
2 Kronentaler: Ab 1755 geprägte österreichische Silbermünze von hohem Wert.
3 Vexieren: Jemanden necken, verunsichern. Hier: Der Fremde tut so, als sei es ernst gemeint.
4 Das spitzige, kalte Eisen: eine Hieb- und Stichwaffe.
5 Rock: Bei Männern das obere oder äußere Kleidungsstück.
6 Kirchweihe: Jährlich wiederkehrendes Fest einer Kirchengemeinde anlässlich des Jahrestags der Einweihung der Kirche.
7 Schnepper: Ein Klappmesser, hier wohl zum Rasieren gedacht.
8 Zundel: Gemeint ist ein Stoff, mit dem die Blutung gestillt werden soll.
9 Fließpapier: Löschpapier zur Stillung der Blutung.

90 Minuten

Lösungsvorschlag

Eine Auflistung der wichtigsten Merkmale einer Inhaltsangabe findest du im Kapitel „Übersicht über die Aufsatzformen“ vorne im Buch (S. 4 ff.).

Die Aufgabenstellung erschließen

- Die Aufgabenstellung erfordert, dass du die Handlung der Kalendergeschichte knapp, genau und sachlich mit deinen eigenen Worten wiedergibst.
- Da hier weder Adressat noch Funktion vorgegeben sind, musst du davon ausgehen, dass die Inhaltsangabe sich an Mitschüler wie auch Erwachsene wendet. Deshalb muss die Inhaltsangabe seriös sein. Verwende daher eine sachliche, möglichst objektive Sprache.

Zeiteinteilung

- 30 Min. für Vorarbeiten:
  - 10 Min. für Stichwortliste zu Ort, Figuren, Zeit, Haupthandlung, Folgen; Konspektmethode (siehe *Tipps für deinen Aufsatz*)
  - 20 Min. für den Schreibplan (Ordnen der Notizen)
- 45 Min. für die Niederschrift
- 15 Min. für Verbesserungen

Tipps für deinen Aufsatz

Vorgehensweise:

- Lies die Kalendergeschichte konzentriert durch, um dir einen Überblick zu verschaffen. Unterstreiche beim zweiten Lesen alle Angaben zum Ort, zur Zeit, zu den Figuren, zu den Geschehnissen und zu deren Folgen. Verwende dafür unterschiedliche Farben.
- Gliedere die Kalendergeschichte in Abschnitte und weise jedem Abschnitt eine Überschrift zu, die den Inhalt kurz in deinen eigenen Worten zusammenfasst (Konspektmethode).
- Vergiss nicht, deinen Aufsatz nach dem Schreiben noch einmal konzentriert durchzulesen und zu korrigieren.

Sprache:

- Schreibe im Präsens, verwende für die Vorzeitigkeit Perfekt.
- Fasse die Geschichte in sachlicher Sprache zusammen und vermeide gefühlsbetonte Darstellungen. (Beispiel: „Ein unbekannter, verwegen aussehender Soldat mit kräftigem Bart“ ist sachlich und objektiv, „Ein Rüpel“ wäre eine subjektive Abwertung des Soldaten.)
- Forme wörtliche Rede in indirekte Rede um.

Schreibplan

Einleitung

- Basissatz: Kalendergeschichte „Der Barbierjunge von Segringen“ (1809) von Johann Peter Hebel. Ein fremder Soldat stellt einen Lehrjungen auf die Probe und begibt sich dabei nichts ahnend in Lebensgefahr.

Hauptteil

Schildere die Ereignisse in der richtigen Reihenfolge:

- Ein unbekannter Soldat kehrt in einem Wirtshaus in Segringen ein und verlangt nach einem Barbier.
- Er verspricht dem Barbier reichen Lohn, wenn er ihn rasiere und ihn dabei nicht schneide, andernfalls droht er, den Barbier zu erstechen. Der Barbier flieht und schickt seinen Gesellen, der ebenfalls nicht auf die Bedingungen eingeht und den Lehrjungen schickt.
- Dieser nimmt das Angebot an und rasiert den Fremden, ohne ihn zu verletzen.
- Pointe: Der Lehrjunge gesteht dem Fremden, dass er ihn getötet hätte, um ihm zuvorzukommen.
- Lehre: Der Soldat stellt seither niemanden mehr auf die Probe.

Musterlösung:

In seiner Kalendergeschichte „Der Barbierjunge von Segringen“ von 1809 schildert Johann Peter Hebel, wie ein fremder Soldat in der Stadt Segringen einen Barbier, seinen Gesellen und schließlich den Lehrjungen auf eine grausame Probe stellt und sich selbst dabei nichts ahnend in Lebensgefahr begibt. Der Lehrjunge besteht die Probe und der Soldat zieht als Lehre aus den Ereignissen, dass er in Zukunft niemanden mehr auf diese Weise testen wird.

Einleitungssatz

Textgattung, Titel, Entstehungsjahr, Haupthandlung, zentraler Inhalt

Ein unbekannter, verwegen aussehender Soldat mit kräftigem Bart kehrt eines Tages in einem Wirtshaus in Segringen ein und verlangt nach einem Barbier. Als dieser eintrifft, verspricht ihm der Fremde reichen Lohn, wenn er ihn beim Rasieren nicht schneide. Der Bartscherer solle aber aufpassen, denn er sei kitzelig, und sollte er ihn verletzen, werde er den Barbier töten. Erschrocken stürzt der Barbier davon und schickt seinen Gesellen, der auf die Bedingungen des Fremden ebenfalls nicht eingeht und stattdessen den Lehrjungen mit der Rasur beauftragt. Der Lehrjunge kann der Versuchung nicht widerstehen, rasiert den Fremden, ohne ihn zu verwunden, und erhält als Lohn vier kostbare Kronentaler.

Hauptteil

genaue Reihenfolge, Handlungen und Folgen, Gründe für das Verhalten der Figuren

Angebot des Fremden

Barbier und Geselle lehnen ab

Lehrjunge geht auf Bedingungen ein

Auf die verwunderte Frage des Fremden, warum er ihn trotz der Lebensgefahr rasiert habe, gesteht ihm der Lehrling, dass er, wenn er ihn aus Versehen geschnitten hätte, ihm augenblicklich mit dem Rasiermesser die Kehle durchgeschnitten hätte, um ihm zuvorzukommen, und geflohen wäre. Der Fremde erschrickt über die Worte des Lehrjungen und schenkt ihm einen weiteren Kronentaler. Seitdem stellt der Soldat keinen Barbier mehr auf die Probe.

Pointe:

Lehrling hätte den Fremden umgebracht

Lehre

Bewertung

In der folgenden Tabelle sind die wichtigsten Kriterien zur Beurteilung deiner Arbeit aufgelistet. Sieh dir diese Kriterien genau an und untersuche, ob du sie in deiner Klassenarbeit immer (+), meistens (O) oder selten/nie (–) berücksichtigt hast. Weise dir die vorgegebenen Punkte zu.

Aspekte	Kriterium	+	O	–
SPRACHE UND FORM		**2 P.**	**1 P.**	**0 P.**
Tempus	Du verwendest Präsens (Vorzeitigkeit: Perfekt).	☐	☐	☐
Stil	Deine Sprache ist sachlich-neutral.	☐	☐	☐
Satzbau	• Der Satzbau ist grammatisch korrekt. • Deine Sätze sind übersichtlich und gut verständlich. • Du verbindest deine Sätze miteinander durch Konjunktionen.	☐	☐	☐
Indirekte Rede	Wörtliche Rede in der Kalendergeschichte gibst du in der Inhaltsangabe durch indirekte Rede wieder.	☐	☐	☐
Recht-schreibung	Rechtschreibung und Zeichensetzung sind korrekt.	☐	☐	☐
ARGUMENTATION		**2 P.**	**1 P.**	**0 P.**
Reihenfolge	Die Reihenfolge der Geschehnisse in der Inhaltsangabe entspricht ihrer Reihenfolge in der Geschichte.	☐	☐	☐
Logik	Dein Text weist keine Widersprüche oder Lücken auf.	☐	☐	☐
AUFBAU		**1 P.**	**0,5 P.**	**0 P.**
Gliederung	Dein Text ist übersichtlich und sinnvoll in Einleitung und Hauptteil gegliedert.	☐	☐	☐
INHALT		**1 P.**	**0,5 P.**	**0 P.**
	Textgattung, Titel, Entstehungsjahr, Autor: Kalendergeschichte, „Der Barbierjunge von Segringen", 1809, Johann Peter Hebel	☐	☐	☐
	Fremder Soldat mit wildem Bart kehrt in Wirtshaus in Segringen ein	☐	☐	☐

Aspekte INHALT	Kriterium	+ 1 P.	○ 0,5 P.	– 0 P.
	Soldat fordert Rasur und bietet reichen Lohn; bei Verletzung droht er, den Barbier zu töten	☐	☐	☐
	Entsetzen und Angst des Barbiers und des Gesellen	☐	☐	☐
	Lehrjunge nimmt Bedingung an, rasiert den Soldaten, besteht die Probe	☐	☐	☐
	Schlusspointe: Lehrjunge offenbart, dass er den Soldaten getötet hätte, um ihm zuvorzukommen	☐	☐	☐
	Bestürzung des Soldaten über Gefahr	☐	☐	☐
	Reiche Belohnung des Lehrjungen	☐	☐	☐
	Lehre: Soldat stellt niemanden mehr auf die Probe	☐	☐	☐
	Erreichte Punkte in den Kategorien (+, ○, –)			
	Deine Gesamtpunktzahl (max. 24 Punkte)			

	++	+	○	–
Punkte	24–21	20–14	13–10	≤ 9

Klassenarbeit 5
Ein Diagramm beschreiben und deuten

Aufgabe

Beschreibe und deute das abgedruckte Diagramm.

Bücher* lesen 2015

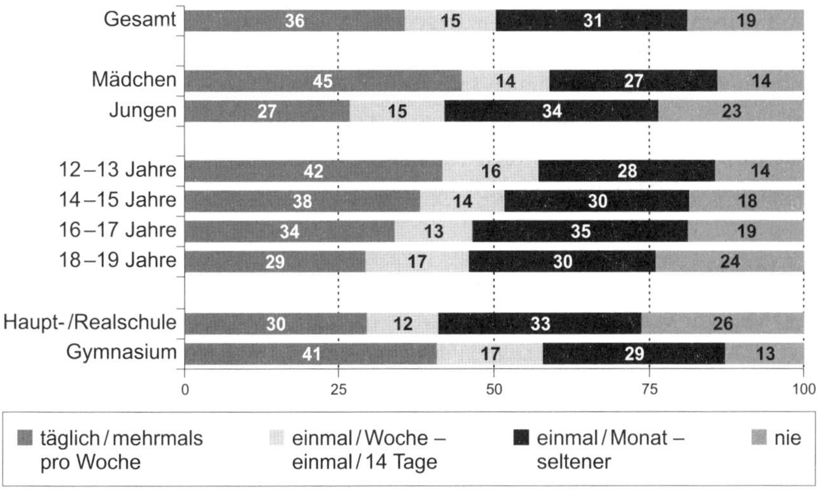

*Angaben in Prozent, * nur gedruckte Bücher*
Basis: alle Befragten, n = 1 200

Quelle: Sabine Feierabend, Theresa Plankenhorn, Thomas Rathgeb: JIM-Studie 2015; Medienpädagogischer Forschungsverbund Südwest (Hrsg.). www.mpfs.de

Anmerkungen

- Quelle: Die Abkürzung JIM steht für „**J**ugend, **I**nformation, (Multi-)**M**edia“. Die JIM-Studie 2015 wurde vom Medienpädagogischen Forschungsverbund Südwest in Stuttgart herausgegeben und untersucht den Medienumgang 12- bis 19-Jähriger im Jahr 2015. Sie ist kostenlos im Internet abrufbar.
- Das Balkendiagramm „Bücher lesen 2015“ ist nur ein kleiner Teil der umfangreichen Untersuchung, die sich auch mit den Medien Radio, Fernsehen, Internet, Computer und Handy beschäftigt.
- Die Summen der Prozentangaben in den Zeilen „Gesamt“, „16–17 Jahre“ und „Haupt-/Realschule“ ergeben jeweils 101 % und sind auf Rundungsungenauigkeiten der JIM-Studie 2015 zurückzuführen. Da die Ungenauigkeit sehr klein ist, ändert sie so wenig an der Gesamtaussage des Diagramms, dass sie zu vernachlässigen ist.

90 Minuten

Lösungsvorschlag

Eine Auflistung der wichtigsten Merkmale einer Diagrammbeschreibung und -deutung findest du im Kapitel „Übersicht über die Aufsatzformen" vorne im Buch (S. 4 ff.).

Die Aufgabenstellung erschließen

- Das Diagramm soll zuerst *beschrieben* und anschließend *gedeutet* werden. Du musst also zunächst die Struktur des Diagramms erschließen und seinen Inhalt mit deinen eigenen Worten wiedergeben. In der Deutung interpretierst du die zuvor beschriebenen Informationen, d. h. du stellst den Sinn dar, der sich aus den im Diagramm enthaltenen Informationen ergibt.
- Ein Adressat ist hier nicht vorgegeben. Gehe davon aus, dass sich dein Text an Mitschüler wie auch Erwachsene richtet, weshalb deine Darstellung objektiv sein muss. Verwende eine sachliche Sprache.

Zeiteinteilung

- 30 Min. für Vorarbeiten:
  - 20 Min. für Lesen und Deuten des Diagramms, Definition wichtiger Begriffe, Stichwortsammlung
  - 10 Min. für den Schreibplan
- 45 Min. für die Niederschrift
- 15 Min. für Verbesserungen

Tipps für deinen Aufsatz

Vorgehensweise:

- Lies die Überschrift des Diagramms und definiere wichtige Begriffe, die in dem Diagramm vorkommen (hier z. B. „Bücher").
- Finde heraus, welche Informationen die x- und die y-Achse enthalten. Stelle den Zusammenhang her zwischen der Überschrift und diesen Informationen.
- Überlege, was das Thema des Diagramms ist oder welche Frage es beantworten könnte.
- Betrachte das Diagramm nun genauer:
  - Ermittle, ob *genaue Zahlenwerte* oder *Prozentangaben* (oder beides) enthalten sind.

  - Vergleiche die Zahlen miteinander und untersuche, in welchem *Verhältnis* sie zueinander stehen.
  - Untersuche, ob die Zahlen eine *Entwicklung* dokumentieren.
- Fasse deine Erkenntnisse in *Stichworten* zusammen und bringe sie in eine nachvollziehbare *Reihenfolge* (Schreibplan). Halte dich beim Verfassen deines Aufsatzes an diese Reihenfolge.
- Korrigiere deinen Aufsatz inhaltlich. Achte auch auf Rechtschreib-, Zeichensetzungs-, Grammatik- und Ausdrucksfehler.

Sprache:
- Schreibe im Präsens, verwende für die Vorzeitigkeit Perfekt.
- Beschreibe sachlich und vermeide persönliche und gefühlsbetonte Darstellungen. Diese sind erst am Schluss in der persönlichen Stellungnahme erlaubt.
- Zeige Zusammenhänge auf, indem du geeignete Konjunktionen verwendest.

Schreibplan

Einleitung
Führe den Leser auf das Thema des Diagramms hin, um ihn neugierig auf den weiteren Text zu machen. Verdeutliche, warum das Thema wichtig für ihn ist.
- Mögliches Thema: Bedeutung des Lesens für die Entwicklung eines Menschen

Hauptteil
- Vorstellung der Quelle: JIM-Studie 2015 zur Mediennutzung 12- bis 19-jähriger Jugendlicher (hier: Untersuchung der Lesehäufigkeit), Herausgeber: Medienpädagogischer Forschungsverbund Südwest in Stuttgart, Veröffentlichungsort: Internet
- Thema: Lesehäufigkeit der 12- bis 19-Jährigen 2015
- Definitionen/Erläuterungen: Begriff „Bücher“
- Art und Aufbau des Diagramms:
  - Balkendiagramm
  - x-Achse: prozentuale Lesehäufigkeit, vier Kategorien: täglich/mehrmals pro Woche, einmal/Woche – einmal/14 Tage etc.
  - y-Achse: Unterteilung der Jugendlichen nach Merkmalen (Alle, Geschlecht, Alter, Schulform)
- Ergebnisse und Deutung:
  - 36 % aller befragten Jugendlichen lasen 2015 täglich oder mehrmals in der Woche, v. a. bei den Jungen gibt es allerdings viele „Lesemuffel“
  - Zahl der Häufigleser nahm 2015 mit zunehmendem Alter kontinuierlich ab

– deutlich mehr Vielleser und erheblich weniger Nichtleser an Gymnasien im Vergleich zu Haupt- und Realschulen

Schluss

- Appell: Lesen als zentrale Schlüsselkompetenz sehr wichtig; mehr Motivation bei Jungen, Haupt- und Realschülern nötig

Musterlösung:

Einleitung

Bedeutung des Lesens in der heutigen Gesellschaft

Es gibt viele gute Gründe, ein Buch zu lesen. Wer ein Buch liest, erfährt etwas über fremde Menschen, Zeiten und Kulturen, betrachtet die Welt einmal mit den Augen eines anderen oder kann nachschlagen, wie man ein Fahrrad repariert. Deshalb wird immer wieder zu Recht betont, dass Lesen bildet und die Persönlichkeit stärkt.

Hauptteil

Vorstellung der Quelle

JIM-Studie 2015

Wie häufig Jugendliche im Jahr 2015 zum Buch gegriffen haben, wollten die Autoren der JIM-Studie 2015 wissen, die vom Medienpädagogischen Forschungsverbund Südwest in Stuttgart herausgegeben und im Internet veröffentlicht wird und sich mit der Mediennutzung 12- bis 19-jähriger Jugendlicher beschäftigt.

Definitionen

Unter der Überschrift „Bücher lesen 2015“ wird in einem Balkendiagramm dargestellt, wie häufig Jugendliche im Jahr 2015 gedruckte „Bücher“ zur Hand nahmen. Eine

Begriff „Bücher“

nähere Definition des Begriffs „Bücher“ findet sich im Diagramm nicht, weshalb angenommen werden muss, dass alle Arten von Büchern gemeint sind, also fiktionale und nicht-fiktionale Texte wie Romane, Ratgeber, Wörterbücher und so weiter.

Aufbau des Diagramms

Auf der x-Achse des Diagramms wird die prozentuale Lesehäufigkeit in 25-Prozent-Schritten angegeben, die

x-Achse, y-Achse

y-Achse enthält oben den Durchschnitt der Lesehäufigkeit Jugendlicher zwischen zwölf und 19 Jahren im Jahr 2015 (Gesamt), darunter wird die Lesehäufigkeit nach Geschlecht, nach Alter (12- bis 13-Jährige, 14- bis 15-Jährige etc.) und nach Schulform (Haupt-/Realschule, Gymnasium) unterschieden.

Darstellung der Lesehäufigkeit in vier Kategorien

Die Häufigkeit der Beschäftigung mit einem Buch wird in dem Balkendiagramm in vier Kategorien unterteilt, die durch vier verschiedene Graustufen kenntlich gemacht sind: In der ersten Gruppe sind die Vielleser versammelt, die 2015 täglich oder zumindest mehrmals in der Woche ein Buch lasen, und in der zweiten Gruppe die Häufigleser, die einmal pro Woche oder alle 14 Tage zum Buch griffen. Heranwachsende, die einmal im Monat oder seltener ein Buch zur Hand nahmen, gehören einer dritten Kategorie an (Seltenleser) und eine vierte Gruppe fasst alle Nichtleser zusammen, die sich 2015 nie mit einem Buch beschäftigten. Die Balkenlänge auf der x-Achse gibt somit die prozentuale Lesehäufigkeit von Jugendlichen an, die im Folgenden als Viel-, Häufig-, Selten- und Nichtleser bezeichnet werden.

Vielleser

Häufigleser

Seltenleser

Nichtleser

Insgesamt lasen im Jahr 2015 36 Prozent der befragten 1.200 Jugendlichen zwischen zwölf und 19 Jahren regelmäßig, d. h. täglich oder mehrmals in der Woche, 15 Prozent mindestens einmal alle 14 Tage. Mit 50 Prozent nahm 2015 aber die Hälfte ein Buch nur einmal im Monat, noch seltener oder gar nicht zur Hand. Unter den männlichen Jugendlichen sind besonders viele „Lesemuffel“: Der Anteil der Jungen, die einmal im Monat, seltener oder nie lasen, war mit 57 Prozent relativ hoch, bei den Mädchen hingegen gehörten dieser Kategorie nur 41 Prozent an.

Ergebnisse

alle Jugendlichen

Beschreibung, Deutung

Geschlecht

Bezüglich der Altersverteilung war 2015 zu erkennen, dass bei den 12- bis 17-Jährigen der Prozentsatz an Viellesern von 42 % auf 34 % stark abnahm, bei den Häufiglesern der Rückgang jedoch geringer ausfiel (von 16 % auf 13 %). Zugleich stieg 2015 in dieser Altersgruppe der Anteil an Wenig- und Nichtlesern stetig an: bei den Weniglesern von 28 % auf 35 %, bei den Nichtlesern von 14 % auf 19 %. Erst in der Gruppe der 18- bis 19-Jährigen nahm 2015 der prozentuale Anteil an Häufig- und Seltenlesern im Vergleich zu den 16- bis 17-Jährigen von 13 % auf 17 % (Häufigleser) zu und der Anteil an Seltenlesern von 35 % auf 30 % ab. Insgesamt zeigen die Werte, dass Jugendliche zwischen zwölf und 19 Jahren mit zunehmendem Alter immer seltener zu einem Buch greifen.

Beschreibung

Alter

mit zunehmendem Alter: Zahl der Häufigleser nimmt ab

Deutung

Allerdings zeigen sich große Unterschiede hinsichtlich der Schulform: Während im Jahr 2015 nur 30 Prozent der Haupt- und Realschüler täglich oder mehrmals in der Woche ein Buch lasen, waren es bei den Gymnasiasten 41 Prozent. Bei den Nichtlesern war der Unterschied ebenso gravierend: Gaben bei den Haupt- und Realschülern 26 Prozent an, nie zu lesen, waren es bei den Gymnasiasten nur 13 Prozent. Damit war das Gefälle in der Lesehäufigkeit zwischen den Schülern der verschiedenen Schulformen sehr groß.

Beschreibung
Schulform

mehr Vielleser / weniger Nichtleser im Gymnasium

Deutung
Gefälle in der Lesehäufigkeit

Da es keinen Zweifel daran geben kann, dass Lesen eine der zentralen Schlüsselkompetenzen für die Persönlichkeitsentwicklung und die Chancen auf dem Arbeitsmarkt darstellt, sollte aufgrund der Ergebnisse der Studie vor allem versucht werden, Haupt- und Realschüler sowie Jungen noch mehr zum Lesen zu motivieren und diese Motivation möglichst lang zu bewahren.

Schluss
Zusammenfassung, Wertung, Appell

Lesen als Schlüsselkompetenz: mehr Motivation bei den Seltenlesern nötig

Bewertung

In der folgenden Tabelle sind die wichtigsten Kriterien zur Beurteilung deiner Arbeit aufgelistet. Sieh dir diese Kriterien genau an und untersuche, ob du sie in deiner Klassenarbeit immer (+), meistens (O) oder selten/nie (–) berücksichtigt hast. Weise dir die vorgegebenen Punkte zu.

Aspekte	Kriterium	+	O	–
Sprache und Form		**2 P.**	**1 P.**	**0 P.**
Tempus	Du verwendest Präsens (Vorzeitigkeit: Perfekt).	☐	☐	☐
Stil	Deine Sprache ist sachlich-neutral.	☐	☐	☐
Satzbau	• Der Satzbau ist grammatisch korrekt. • Deine Sätze sind übersichtlich und gut verständlich. • Du verbindest deine Sätze miteinander durch Konjunktionen.	☐	☐	☐
Recht-schreibung	Rechtschreibung und Zeichensetzung sind korrekt.	☐	☐	☐
Argumentation		**2 P.**	**1 P.**	**0 P.**
Reihenfolge	• Beschreibung und Deutung bilden zwei deutlich voneinander getrennte, aufeinanderfolgende Teile. • Deine Darstellung ist sinnvoll und nachvollziehbar.	☐	☐	☐
Logik	Dein Text weist keine Widersprüche oder Lücken auf.	☐	☐	☐
Aufbau		**1 P.**	**0,5 P.**	**0 P.**
Gliederung	Dein Text ist übersichtlich und sinnvoll in Einleitung, Hauptteil und Schluss gegliedert.	☐	☐	☐
Inhalt		**1 P.**	**0,5 P.**	**0 P.**
	Einleitung: macht den Leser neugierig und zeigt, warum das Thema wichtig ist	☐	☐	☐
	Quelle: JIM-Studie 2015; Herausgeber: Medienpädagogischer Forschungsverbund Südwest, Stuttgart; Publikationsort: Internet	☐	☐	☐
	Thema: Lesehäufigkeit der 12- bis 19-Jährigen im Jahr 2015	☐	☐	☐

Aspekte INHALT	Kriterium	+ 1 P.	O 0,5 P.	– 0 P.
	Definition: Erläuterungen zum Begriff „Bücher“	☐	☐	☐
	Aufbau: x-Achse: prozentuale Lesehäufigkeit, vier Kategorien: Viel-, Häufig-, Selten- und Nichtleser; y-Achse: vier Merkmale (Gesamt, Geschlecht, Alter, Schulform)	☐	☐	☐
	Beschreibung und Deutung – alle Jugendlichen: Ungefähr die Hälfte las (sehr) häufig, die andere Hälfte (sehr) selten oder nie	☐	☐	☐
	Beschreibung und Deutung – Geschlecht: Mädchen lasen 2015 sehr viel häufiger als Jungen	☐	☐	☐
	Beschreibung und Deutung – Alter: Leselust scheint zwischen dem 12. und 19. Lebensjahr nachzulassen	☐	☐	☐
	Beschreibung und Deutung – Schulform: Leselust stark abhängig von der Schulform, Gymnasiasten lasen 2015 durchschnittlich viel häufiger als Haupt- und Realschüler	☐	☐	☐
		2 P.	**1 P.**	**0 P.**
	Schluss: Vor allem Jungen sowie Haupt- und Realschüler müssen zu Lesern gemacht werden, die Lesemotivation aller Jugendlicher sollte erhalten werden.	☐	☐	☐
	Erreichte Punkte in den Kategorien (+, O, –)			
	Deine Gesamtpunktzahl (max. 24 Punkte)			

	++	+	O	–
Punkte	24–21	20–14	13–10	≤ 9

Klassenarbeit 6
Figurencharakterisierung

Aufgabe

Lies den folgenden Text und verfasse eine schriftliche Figurencharakterisierung von Hagen.

Die Nibelungen

In ihrem Buch „Die Nibelungen“ erzählt Auguste Lechner die berühmte Sage um den Drachentöter Siegfried nach. Als dem ungestümen Königssohn Siegfried, der mit seiner außergewöhnlichen Kraft allen Gegnern überlegen ist, seine Heimatburg Xanten zu eng wird, macht er sich auf den Weg, um Abenteuer zu erleben. Er tötet einen furchterregenden Drachen, der die Bevölkerung drangsaliert, und badet anschließend in dessen Blut, was ihn unverwundbar macht; nur eine kleine Stelle unter seiner Schulter wird von einem Lindenblatt verdeckt, weshalb er hier verletzbar bleibt. Nachdem er zudem einen unermesslichen Schatz, den Nibelungenhort, für sich errungen hat, macht er sich auf den Weg nach Worms an den Burgundenhof, um Kriemhild, die Tochter der Königin Ute, für sich zu gewinnen. Als er dort mit einer kleinen Schar Ritter ankommt, wird er von den drei Königen Gunther, Gernot und Giselher sowie von deren Onkel Hagen, dem Bruder Utes, von einem Fenster aus beobachtet.

[Da war] Hagen von Tronje, der Oheim[1] der Könige, finster, einäugig, schweigsam, aber seinen Herren treu bis in den Tod. [...] Hagen sah nachdenklich durchs Fenster. „Ich habe zwar Siegfried von Niederlanden nie gesehen“, sagte er schließlich, „aber ich möchte wetten, dass es der Recke auf dem weißen Pferd ist. Auch die Rüstungen stammen vom Niederrhein. Nehmt euch in Acht! Wo Siegfried hinzukommt, gibt es Abenteuer! Aber“, fügte er plötzlich hinzu, „ich meine, wir müssen ihn und seine Gesellen freundlich empfangen, denn es ist besser, ihn zum Freunde zu haben als zum Feinde!“ (S. 37 f.)

Siegfried wird von den Burgunden freundlich aufgenommen und besiegt mit seinen neuen Freunden die Dänen und Sachsen, die ihnen den Krieg erklärt hatten. Wenig später macht König Gunther sich auf den Weg nach Island, um die dortige Königin, die schöne, aber gefährliche Brunhild, als Ehefrau zu gewinnen. Diese hat gelobt, nur den Mann zu heiraten, der sie im Wettkampf bezwingt; wer aber von ihr besiegt wird, muss sterben. Siegfried, unter einer Tarnkappe verborgen, hilft Gunther, Brunhild zu besiegen. Gemeinsam mit seiner Braut macht der Burgundenkönig sich daraufhin auf den Weg nach Worms und bittet Hagen, als Bote vorauszueilen und ihre Ankunft anzukündigen.

Hagen lachte rau. „Ich tauge nicht als Bote an schöne Frauen! Dazu bin ich nicht fein genug und meine Sitten sind nun einmal wenig höfisch. Aber“ – sein zerhauenes Gesicht verzog sich spöttisch – „bitte doch Siegfried, vorauszureiten und ich wette mein Schwert gegen einen Kieselstein, er wird nicht Nein sagen.“ (S. 71)

Siegfried übernimmt den Auftrag tatsächlich und kündigt die Ankunft der Brautleute an. Er hat durch seine Taten Gunthers Vertrauen gewonnen, weshalb er es endlich wagen kann, um Kriemhilds Hand anzuhalten, was ihm auch gewährt wird, sodass wenig später eine Doppelhochzeit stattfindet. Als Brunhild Gunther jedoch auch nach der Trauung weiter von sich weist, besiegt Siegfried sie erneut, indem er sich noch einmal unter dem Tarnmantel verbirgt. Bei einem heftigen Streit zwischen Brunhild und Kriemhild deckt letztere triumphierend diesen zweiten Betrug auf, womit sie Gunthers Frau aufs Äußerste kränkt. Als Genugtuung fordert diese von Hagen Siegfrieds Tod, worüber sich Hagen mit den drei Königen berät.

Hagens Blick forschte in den Gesichtern der Männer ringsum. […] Allmählich überzog es wie ein Lachen voll Bitternis und Ingrimm Hagens dunkles Gesicht. Schwerfällig reckte er die gewaltigen Schultern: Ja, nun musste er es auf sich nehmen, er ganz allein … Keiner würde ihm helfen, die furchtbare Last seiner Tat zu tragen. „Ihr wisst, ich bin niemals Siegfrieds Freund gewesen!“, begann er endlich zu reden. „[…] Sein Ruhm ist längst größer als der Ruhm der Burgundenkönige! Das gefällt mir nicht! Allein dies Letzte ist noch viel schlimmer: Denn er bringt Spott und Schande über euch! Ich sage euch aber, ich werde es nicht leiden, dass man auf den Schlössern und an den Fürstenhöfen über die Burgunden lacht!“ Hagen hatte immer lauter und zorniger gesprochen. Jetzt schwieg er einen Augenblick und starrte vor sich auf den Boden. Dann hob er den Kopf. Die Narbe, die sich von der Stirn zur Wange herabzog, färbte sich langsam dunkelrot: Er sah schrecklich aus. Aber als er jetzt wieder zu reden anhub, war seine Stimme leise, fast, als fürchte er sich oder, vielleicht auch, als schäme er sich, dies auszusprechen.

„Es kann nur mit List geschehen, denn gegen Siegfrieds Stärke und sein Schwert Balmung nützt keine Gewalt und die Haut aus Drachenblut macht ihn unverwundbar. Nur zwischen seinen Schultern klebte ein Lindenblatt, als er im Blut des Lindwurms badete: Die Stelle will ich mir von Kriemhild genau bezeichnen lassen. Und dann – dann braucht nur ein Ger[2] *geschickt geschleudert zu werden …" […] Er blickte sich im Kreise um. Keiner sah ihn an, keiner gab Antwort. Sie wussten alle, dass es feiger Mord war. (S. 89 f.)*

Auf einer Jagd tötet Hagen Siegfried hinterlistig mit seinem Speer, woraufhin Kriemhild alles daran setzt, ihn und ihre Brüder zu töten. Im weiteren Verlauf der Handlung heiratet sie Etzel, den König der Hunnen, und lockt ihre Brüder mit Hagen in eine Falle, in der sie mit ihrer Familie, Hagen und allen Burgunden umkommt.

Quelle: Auguste Lechner: Die Nibelungen. Glanzzeit und Untergang eines mächtigen Volkes. Innsbruck: Verlagsanstalt Tyrolia 1994

Anmerkungen

Auguste Lechners Erzählung „Die Nibelungen" wurde erstmals 1951 veröffentlicht.

1 Oheim: Als „Oheim" wird hier ein Bruder der Mutter bezeichnet. Somit ist Hagen der Bruder Utes, der Mutter der drei Könige Gunther, Gernot und Giselher.

2 Ger: ein germanischer Wurfspeer.

90 Minuten

Lösungsvorschlag

Eine Auflistung der wichtigsten Merkmale einer Figurencharakterisierung findest du im Kapitel „Übersicht über die Aufsatzformen" vorne im Buch (S. 4 ff.).

Die Aufgabenstellung erschließen

- Zunächst solltest du den Text gründlich lesen und ihm alle Hinweise zur Figur Hagen entnehmen. Du kannst für deinen Aufsatz nur auf Informationen zurückgreifen, die im Text enthalten sind.
- Da hier weder Adressat noch Funktion vorgegeben werden, musst du davon ausgehen, dass sich dein Text an Mitschüler wie auch Erwachsene wendet. Deshalb muss die Darstellung seriös sein. Verwende eine sachliche, möglichst objektive Sprache.

Zeiteinteilung

- 35 Min. für Vorarbeiten:
  - 25 Min. für aufmerksames Lesen, für das Entnehmen und Unterstreichen von Informationen, anschließend Zuordnung zu verschiedenen Bereichen
  - 10 Min. für den Schreibplan
- 45 Min. für die Niederschrift
- 10 Min. für Verbesserungen

Tipps für deinen Aufsatz

Vorgehensweise:
- Lies den Text gründlich durch. Unterstreiche beim zweiten Lesen alle Informationen mit Bleistift, die direkte oder indirekte Hinweise auf Hagens Charakter enthalten.
- Ordne alle gesammelten Informationen und lege eine Stichwortliste (siehe *Schreibplan*) an.
- Verfasse deinen Aufsatz und korrigiere ihn anschließend.

Sprache:
- Schreibe im Präsens, verwende für die Vorzeitigkeit Perfekt.
- Beschreibe sachlich und vermeide persönliche und gefühlsbetonte Darstellungen. Diese sind erst am Schluss in der persönlichen Stellungnahme erlaubt.
- Mit geeigneten Konjunktionen zeigst du Zusammenhänge auf.

Schreibplan

Einleitung

Einleitungssatz: Erzählung „Die Nibelungen", Auguste Lechner, Erstveröffentlichung 1951; zu charakterisierende Figur: Hagen von Tronje

Hauptteil

Charakterisierung Hagens, geordnet nach verschiedenen Bereichen (Stichwortliste):

äußere Erscheinung	**soziale Stellung**	**Beziehungen zu anderen Figuren**
• nur ein Auge (Z. 20) • Narbe von der Stirn bis zur Wange (Z. 60 f.) • „zerhauenes" Gesicht (Z. 38 f.) • kräftige Statur (Z. 52) • grimmig, furchteinflößend (Z. 20, 51)	• Bruder Königin Utes (Z. 18) • Oheim der drei Könige (Z. 20)	• den Königen absolut treu (Z. 21) • genießt deren Vertrauen • Ratgeber mit großem Einfluss (Z. 69 ff.)

Verhaltensweisen, Sprache	**innere Haltung**	**Entwicklung**
• „schweigsam" (Z. 20 f.) • „nachdenklich" (Z. 21) • „wenig höfisch" (Z. 38) • spricht laut und zornig (Z. 59)	• wägt Vor- und Nachteile seiner Handlungen ab (Z. 25 ff.) • Lebensaufgabe: Haus der Burgunden vor Spott und Schaden bewahren (Z. 57 f.)	• steht unbeirrbar treu zu seinen Königen (Z. 21) • zunehmende Verbitterung über Siegfrieds Erfolge (Z. 55 ff.)

Schluss

Zusammenfassende Wertung: Hagens Tat treibt das Königshaus der Burgunden in den Untergang; er erreicht das Gegenteil dessen, was er beabsichtigt hatte.

Musterlösung:

In der Erzählung „Die Nibelungen“ aus dem Jahr 1951, in der Auguste Lechner die Sage um den Drachentöter Siegfried nacherzählt, ist Hagen von Tronje, der Onkel und einflussreiche Ratgeber der Könige Gunther, Gernot und Giselher, von herausragender Bedeutung für den Handlungsverlauf.

Einleitung
Autor, Titel, Textgattung, zu charakterisierende Figur

Schon die äußere Erscheinung Hagens wird von der Autorin in düsteren Farben gezeichnet: Er hat nur ein Auge und von der Stirn bis zur Wange zieht sich eine Narbe (vgl. Z. 60 f.). Sein „zerhauenes“ (Z. 38 f.) Gesicht weist ganz offenbar auf zahllose Kämpfe hin, die Hagen in seinem Leben bestanden hat, und zeigt ihn dadurch als furchtlosen, kampferprobten Krieger. Zusammen mit seiner kräftigen Statur (vgl. Z. 52) erweckt Hagens furchterregendes, grimmiges Aussehen das Bild eines gefährlichen Mannes, vor dem man auf der Hut sein sollte und den man lieber nicht zum Feind haben will.

Hauptteil
Äußere Erscheinung, Wechselbeziehung zum Charakter

Dass er auch jenseits des Kampfgetümmels ernst genommen werden muss, zeigt sich an seiner sozialen Stellung. Als Königin Utes adeliger Bruder und Oheim der drei Könige Gunther, Giselher und Gernot gehört er zum innersten Machtzentrum des Burgundenreiches. Seine eigentliche Bedeutung wird besonders in seinem Verhältnis zu den drei Königen sichtbar: Er ist viel älter als sie und damit reich an Lebenserfahrung. Aufgrund seiner unbedingten Treue vertrauen ihm die drei Könige, was es ihm ermöglicht, auf sie und auch auf die Regierungsgeschäfte Einfluss zu nehmen.

Soziale Stellung, Beziehung zu anderen Figuren

Seine grimmige Erscheinung entspricht seinem Verhalten und seinen Einstellungen. Hagen wird als „schweigsam“ (Z. 20 f.), „nachdenklich“ (Z. 21) und verschlossen dargestellt. Er weiß jedoch durchaus zu reden, wenn ihn etwas stark beschäftigt – wie etwa die Tatsache, dass Siegfrieds Ruhm den der Burgundenkönige inzwischen überragt. Dann spricht er laut und zornig (vgl. Z. 59), was auch seiner eigenen Einschätzung entspricht, dass er „wenig höfisch“ (Z. 38) und damit wenig kultiviert ist.

Verhalten, Einstellungen, Gewohnheiten

Redeweise

Im Gegensatz zum ungestümen Siegfried wägt Hagen die Vor- und Nachteile seiner Handlungen genau ab, be-

Denkweise

vor er etwas unternimmt. Dies zeigt sich zum Beispiel in seiner Erkenntnis, dass Siegfried in einem fairen, direkten Kampf nicht zu besiegen ist, weshalb er heimtückisch ermordet werden muss, wenn er getötet werden soll (vgl. Z. 64 ff.).

Beweggründe, Ziele

Hagen stellt hier bewusst seine zentrale Lebensaufgabe, das Königshaus der Burgunden vor Schaden zu bewahren, so sehr in den Vordergrund seines Handelns, dass er nicht davor zurückschreckt, den Königen die Ermordung Siegfrieds anzuraten und den Mord mit List von langer Hand zu planen. Hinterhältig und feige führt er die Tat schließlich persönlich aus. Die Schande, die Brunhild, die Burgundenkönigin, durch Siegfrieds Betrug erlitten hat, kann seiner Überzeugung nach nur durch dessen Tod gesühnt werden (vgl. Z. 70 f.). Dass er mit Siegfrieds Ermordung schwere Schuld auf sich lädt, ist Hagen bewusst, denn er empfindet sie als „furchtbare Last" (Z. 53). Zum Schutz des Königshauses nimmt er diese Schuld aber auf sich, was wieder seine unbedingte Treue zeigt, die er über alles andere stellt.

Schluss

Entwicklung, zusammenfassende Wertung

Hagen steht im Verlauf der Handlung unbeirrbar treu zu seinen Königen. Zugleich ist er zusehends verbittert darüber, dass Siegfrieds Ruhm den seiner Könige zunehmend überstrahlt, woraufhin er sich zu einem entschiedenen Widersacher und Gegenspieler des Drachentöters entwickelt. Mit der Ermordung Siegfrieds führt Hagen die entscheidende Wendung des Schicksals der Burgunden herbei: Durch den Mord wird eine Folge von Ereignissen in Gang gesetzt, die mit seinem eigenen Tod und dem Untergang der Königsfamilie sowie des gesamten Burgundenvolkes endet. So bewirkt Hagen zum Schluss genau das Gegenteil dessen, was er eigentlich erreichen wollte: Statt seine Könige vor Schaden und Schande zu bewahren, treibt seine Tat das ganze Königshaus geradewegs in den Untergang.

Bewertung

In der folgenden Tabelle sind die wichtigsten Kriterien zur Beurteilung deiner Arbeit aufgelistet. Sieh dir diese Kriterien genau an und untersuche, ob du sie in deiner Klassenarbeit immer (+), meistens (○) oder selten/nie (–) berücksichtigt hast. Weise dir die vorgegebenen Punkte zu.

Aspekte	Kriterium	+	○	–
Sprache und Form		**2 P.**	**1 P.**	**0 P.**
Tempus	Du verwendest Präsens (Vorzeitigkeit: Perfekt).	☐	☐	☐
Stil	Deine Sprache ist sachlich-neutral.	☐	☐	☐
Satzbau	• Der Satzbau ist grammatisch korrekt. • Deine Sätze sind übersichtlich und gut verständlich. • Du verbindest deine Sätze miteinander durch Konjunktionen.	☐	☐	☐
Belege	• Wichtige Aussagen werden durch Zitate und Zeilenverweise belegt. • Zitate werden exakt so wiedergegeben, wie sie im Text vorkommen.	☐	☐	☐
Rechtschreibung	Rechtschreibung und Zeichensetzung sind korrekt.	☐	☐	☐
Argumentation		**2 P.**	**1 P.**	**0 P.**
Reihenfolge	Die Reihenfolge der Charakterisierung ist sinnvoll und nachvollziehbar.	☐	☐	☐
Logik	Dein Text weist keine Widersprüche oder Lücken auf.	☐	☐	☐
Aufbau		**1 P.**	**0,5 P.**	**0 P.**
Gliederung	Dein Text ist übersichtlich und sinnvoll in Einleitung, Hauptteil und Schluss gegliedert.	☐	☐	☐
Inhalt		**1 P.**	**0,5 P.**	**0 P.**
	Einleitung: Erzählung „Die Nibelungen“, Auguste Lechner, Erstveröffentlichung 1951; zu charakterisierende Figur: Hagen von Tronje	☐	☐	☐
	Äußere Erscheinung: nur ein Auge, Narbe, „zerhauenes“ Gesicht, kräftige Statur	☐	☐	☐

Aspekte **INHALT**	**Kriterium**	**+ 1 P.**	**○ 0,5 P.**	**– 0 P.**
	Rückschlüsse: furchtloser, kampferprobter Krieger, gefährlich	☐	☐	☐
	Soziale Stellung: adeliger Bruder Königin Utes, Oheim der drei Könige; gehört zum innersten Machtzentrum des Reiches; Berater der Könige mit großem Einfluss	☐	☐	☐
	Verhalten: „schweigsam" (Z. 20 f.), „nachdenklich" (Z. 21) und verschlossen, wenig kultiviert, handelt überlegt, listig, heimtückisch, brutal	☐	☐	☐
	Innere Haltung: unbeirrbare Treue gegenüber den Königen, Widersacher und Gegenspieler Siegfrieds	☐	☐	☐
	Sprache: zumeist schweigsam, aufgewühlt redet er laut und zornig	☐	☐	☐
	Beweggründe und Ziele: zentrale Lebensaufgabe: Ruhm der Burgunden mehren, das Burgundenreich und seine Könige vor Spott und Schaden bewahren	☐	☐	☐
	Entwicklung, Zusammenfassung und Wertung: zunehmende Verbitterung, trägt durch die Ermordung Siegfrieds die Hauptverantwortung für den späteren Untergang des Burgundenvolkes, erreicht das Gegenteil des Beabsichtigten	☐	☐	☐
	Erreichte Punkte in den Kategorien (+, ○, –)			
	Deine Gesamtpunktzahl (max. 24 Punkte)			

	++	+	○	–
Punkte	24–21	20–14	13–10	≤ 9

Klassenarbeit 7
Gestaltende Interpretation: Ein Gespräch schreiben

Aufgabe

Lies die Ballade zunächst durch. Gestalte anschließend ein Gespräch der Knechte: Als die Magier die Flammenschrift nicht deuten können, verlassen die Knechte verstört das Königsmahl. Drei von ihnen versammeln sich in der königlichen Vorratskammer, um das Geschehene ungestört zu besprechen und zu überlegen, was nun zu tun ist.

Heinrich Heine (1797–1856): Belsatzar

Die Mitternacht zog näher schon;
In stummer Ruh lag Babylon[1].

Nur oben in des Königs Schloss,
Da flackerts, da lärmt des Königs Troß[2].

Dort oben in dem Königssaal
Belsatzar hielt sein Königsmahl.

Die Knechte saßen in schimmernden Reihn
Und leerten die Becher mit funkelndem Wein.

Es klirrten die Becher, es jauchzten die Knecht;
So klang es dem störrigen Könige recht.

Des Königs Wangen leuchten Glut;
Im Wein erwuchs ihm kecker Mut.

Und blindlings reißt der Mut ihn fort;
Und er lästert die Gottheit mit sündigem Wort.

Und er brüstet sich frech, und lästert wild;
Die Knechtenschar ihm Beifall brüllt.

Der König rief mit stolzem Blick;
Der Diener eilt und kehrt zurück.

Er trug viel gülden Gerät auf dem Haupt;
Das war aus dem Tempel Jehovas[3] geraubt.

Und der König ergriff mit frevler Hand
Einen heiligen Becher, gefüllt bis am Rand.

Und er leert ihn hastig bis auf den Grund,
Und rufet laut mit schäumendem Mund:

Jehova! Dir künd ich auf ewig Hohn –
Ich bin der König von Babylon!

Doch kaum das grause Wort verklang,
Dem König wards heimlich im Busen bang.

Das gellende Lachen verstummte zumal;
Es wurde leichenstill im Saal.

Und sieh! und sieh! an weißer Wand
Da kams hervor wie Menschenhand;

Und schrieb, und schrieb an weißer Wand
Buchstaben von Feuer, und schrieb und schwand.

Der König stieren Blicks da saß,
Mit schlotternden Knien und totenblaß.

Die Knechtenschar saß kalt durchgraut
Und saß gar still, gab keinen Laut.

Die Magier kamen, doch keiner verstand
Zu deuten die Flammenschrift an der Wand.

Belsatzar ward aber in selbiger Nacht
Von seinen Knechten umgebracht.

Quelle: Heinrich Heine: Buch der Lieder. Hamburg: Hoffmann und Campe 1827.

Anmerkungen

Heinrich Heines berühmte Ballade „Belsatzar“ basiert auf dem Alten Testament, dem 5. Kapitel des Buchs Daniel, in dem die Geschichte von Belsatzar und Daniel erzählt wird: Als Belsatzar bei einem Festmahl den von seinem Vater Nebukadnezar geraubten Jerusalemer Tempelschatz entweiht, schreibt eine Hand eine rätselhafte Botschaft an die Wand des Königspalasts, die nur von Daniel, einem im babylonischen Exil lebenden jüdischen Seher, gedeutet werden kann. Daniel prophezeit dem König das bevorstehende Ende seiner Regentschaft sowie den Untergang seines Reichs, der König wird noch in derselben Nacht getötet.

1 Babylon: Antike Kulturmetropole, im Altertum Hauptstadt des mächtigen Babylonierreiches, etwa 90 Kilometer südlich der heutigen irakischen Hauptstadt Bagdad am Fluss Euphrat gelegen.

2 Troß: Für die Versorgung zuständiger Truppenteil.

3 Jehovas: Jehova oder Jahwe ist der alttestamentliche Name Gottes.

120 Minuten

Lösungsvorschlag

Eine Auflistung der wichtigsten Merkmale einer Gestaltenden Interpretation findest du im Kapitel „Übersicht über die Aufsatzformen" vorne im Buch (S. 4 ff.).

Die Aufgabenstellung erschließen

- In der Aufgabenstellung wird der Augenblick in der Balladenhandlung genannt, in dem dein Gespräch einsetzen muss: nachdem die Magier die Flammenschrift nicht deuten konnten und die Knechte den Königssaal verlassen haben.
- Weiterhin grenzt die Aufgabenstellung das Gespräch auf drei Figuren ein und schreibt als Ort der Handlung die Vorratskammer vor. Zugleich besagt sie, dass die Knechte auf die Ereignisse im Königssaal eingehen und ihr weiteres Vorgehen besprechen: Sie werden zu dem Schluss kommen, dass Belsatzar getötet werden muss.

Zeiteinteilung

- 50 Min. für Vorarbeiten:
  - 20 Min. für wiederholtes Lesen und Unterstreichen von Informationen, die das Verhalten des Königs und der Knechte betreffen
  - 15 Min. für die Stichpunktsammlung zur Interpretation
  - 15 Min. für Skizze zur Gestaltungsidee (Figuren, Themen, Gesprächsverlauf)
- 60 Min. für die Niederschrift
- 10 Min. für Verbesserungen

Tipps für deinen Aufsatz

Vorgehensweise:

- Lies die Ballade und die Anmerkungen aufmerksam durch, um einen ersten Überblick zu bekommen.
- Unterstreiche (mit verschiedenen Farben) beim zweiten Lesen der Ballade alle Informationen, die dir dabei helfen, sie zu interpretieren:
  - Hinweise auf den Charakter der Figuren, insbesondere des Königs und der Knechte
  - Konkrete Handlungen der Figuren
  - Verhältnis der Figuren zueinander (Personenkonstellation)
  - Handlungsverlauf: Höhe- und Wendepunkt (wörtliche Rede)
  - Wortwahl (Substantive, Adjektive, Verben; Schlüsselwörter)

- Interpretiere den Text stichpunktartig: Thema, Aussageabsicht, Figuren und ihre Handlungen, Wortwahl
- Skizziere das Gespräch (siehe auch *Schreibplan*):
  - Erfinde drei Knechte, die unterschiedliche Charaktere haben, z. B. eher ängstliche und eher tapfere Figuren.
  - Überlege, über welche Themen die Knechte sprechen müssen: Schuld des Königs, eigene Schuld, Bedeutung der Flammenschrift für den König und die Knechte, Handlungsmöglichkeiten (Alternativen zur Tötung des Königs).
  - Der Entschluss der Knechte zum Königsmord muss sinnvoll begründet werden und sich aus dem Vorhergehenden ergeben.
- Überlege, wie du den Höhepunkt des Gesprächs inhaltlich und sprachlich gestalten willst.
- Schreibe das Gespräch und korrigiere es anschließend inhaltlich. Achte auch auf Rechtschreib-, Zeichensetzungs-, Grammatik- und Ausdrucksfehler.

Sprache:
- Die Figuren müssen in ihren Redebeiträgen aufeinander eingehen.
- Verwende Regieanweisungen, um z. B. Mimik, Gestik, Sprechtempo, Auftreten und Abtreten von Figuren und Gefühle anzugeben.
- Das Gespräch wird im Präsens geführt. Die Figuren berichten von den Ereignissen im Königssaal in der Regel im Perfekt, vor allem, wenn die Ereignisse sich bis in die Gegenwart auswirken. Andere Zeitformen wie Plusquamperfekt und Präteritum können gezielt eingesetzt werden.

Schreibplan

Gesprächseröffnung
Anknüpfung an den Balladentext:
- Die Knechte kommen aus dem Königssaal, wo die Magier die Flammenschrift nicht deuten konnten.
- Entsetzen der Knechte

Weiterer Gesprächsverlauf
Setze dich gründlich mit der Ballade auseinander, vor allem mit der Frage der Schuld des Königs und der Knechte. Kurz vor dem Abschluss des Gesprächs sollte es einen Höhepunkt geben.
- Beratung darüber, warum die Magier die Schrift nicht deuten konnten
- Einsicht, dass es nur Unheil bedeuten kann
- Ursache: Gotteslästerung des Königs

- Vermutungen über die Auswirkungen auf den König und die Knechte:
  - Untergangsszenario
  - Zurückweisung von Verantwortung und Mitschuld, Betonung der Abhängigkeit vom König
  - schließlich Eingeständnis der Mitschuld, Einsicht: göttliche Strafe wird auch die Knechte treffen
- Verhinderung der Bestrafung durch Sühne: Vorschlag zum Königsmord
- Einwände und Alternativen werden entkräftet und verworfen: Treueschwur, Buße Belsatzars, eventuell Flucht

Gesprächsende
- Entscheidung der Knechte, dass Belsatzar getötet werden muss. (*Dieser Entschluss muss sinnvoll begründet werden und sich aus dem Vorhergehenden ergeben.*)
- Treueschwur und Aufbruch der Knechte

Grundlegender Charakter der drei Figuren
- Figur 1 (Tim): ängstlich, besorgt
- Figur 2 (Andreas): furchtlos, energisch
- Figur 3 (Julian): vorsichtig, bedächtig, umsichtig

Du kannst deine Figuren nummerieren oder ihnen Namen geben. Die hier verwendeten Namen Tim, Andreas und Julian sind so ausgewählt, dass sie heutzutage geläufig sind. Du kannst (im Internet) auch nach babylonischen Namen suchen und diese verwenden.

Musterlösung:

Personen: Drei Knechte aus des Königs Tross: Andreas, Julian, Tim
Ort: königliche Vorratskammer
Zeit: unmittelbar nach dem Scheitern des Versuchs, die Flammenschrift durch die Magier deuten zu lassen

Formale Vorgaben Gespräch: Personen, Ort, Zeit

TIM *(am ganzen Körper bebend):* Habt ihr so etwas schon einmal erlebt? Mir zittern jetzt noch die Hände!

ANDREAS *(fröstelnd):* Mir ist es auch eiskalt den Rücken 'runtergelaufen! Wie da auf einmal die Hand erschien und diese rätselhafte Botschaft an die Wand malte!

Gesprächseröffnung
Anbindung an die Ballade
Entsetzen der Knechte

JULIAN *(mit gerunzelter Stirn):* Aber warum konnten die Magier die Schrift nicht deuten?

ANDREAS: Das frage ich mich auch! Sicher ist nur, dass die Schriftzeichen erschienen, nachdem der König diesen gotteslästerlichen Ruf ausgestoßen hatte.

TIM *(bedrückt):* Dann verheißen die Schriftzeichen also Unglück?!

Gesprächsverlauf
Gründliche inhaltliche Auseinandersetzung
Schuld und Verantwortung: Versuch, die Flammenschrift zu deuten

ANDREAS *(bestimmt):* Ganz sicher! Wer sonst außer einem göttlichen Wesen könnte aus dem Nichts eine Flammenschrift heraufbeschwören, die selbst von den Weisesten unseres Volkes nicht gedeutet werden kann? Und wie sonst ist diese Schrift zu verstehen, als dass sie eine direkte Reaktion auf die lästerlichen Worte des Königs darstellt?

Ursache: Gotteslästerung

JULIAN *(ernst):* Dann dürften die Tage unseres Königs gezählt sein.

ANDREAS *(finster):* Und nicht nur die unseres Königs!

TIM *(zaghaft):* Wie meinst du das? Du glaubst doch nicht etwa, dass auch wir in Gefahr sind?

Auswirkung der Flammenschrift auf den König und auf die Knechte

JULIAN *(argwöhnisch):* Aber wir haben mit der ganzen Angelegenheit doch gar nichts zu tun!

Bewertung des Verhaltens Belsatzars und der Knechte

TIM *(verärgert):* Der König hat doch Gott gelästert, und nicht wir!

ANDREAS *(energisch):* Du denkst wirklich, wir sind unschuldig? Aber waren wir nicht auch berauscht von dem Wein und dem Glanz der Lichter? Haben wir nicht mitgegrölt und begeistert Beifall geklatscht, als der König dreist Gott verhöhnt hat? Und haben wir ihn nicht alle mit unserem vulgären Gejohle dazu angestachelt, immer unbändiger, anmaßender und frecher zu werden? Bis er dann wie im Rausch den heiligen Becher frevlerisch entweiht und sich über Gott gestellt hat!

TIM *(erschüttert):* Aber wir sind doch seine Knechte, wir sind von ihm abhängig!

Zurückweisung der Verantwortung: Abhängigkeit vom König, Verantwortung für die Familie, soziale Stellung

ANDREAS: Trotzdem hätten wir ihn in seinen Lästerungen nicht bestärken dürfen, nur weil wir betrunken vom Wein und von der Hochstimmung waren und übermütig wurden.

JULIAN *(nachdenklich):* Du hast Recht! Es steht fest, dass wir eine Mitschuld tragen an dem, was vorgefallen ist. Und sicher ist auch, dass den König sehr bald eine schwere göttliche Strafe treffen wird. Die Frage ist nur, wie wir verhindern können, dass diese Strafe auch uns und vielleicht sogar unsere Familien trifft!

Eingeständnis der Mitschuld

ANDREAS *(entschlossen):* Was gibt es da lange zu überlegen?! Wenn es so ist, dass wir tatsächlich mitschuldig sind an dem Frevel des Königs, gibt es nur einen Weg, diesen Frevel zu sühnen: Wir müssen den König töten!

Verhinderung der eigenen Bestrafung: Sühne durch Tötung des Königs

TIM *(verzweifelt):* Aber wir haben dem König unsere Treue geschworen! Können wir denn nicht mit ihm reden und ihn davon überzeugen, Buße zu tun, damit er sich und uns von der Schuld reinwäscht?

Einwände: Treueschwur

Alternative I:
Buße Belsatzars

ANDREAS *(lacht auf):* Du kennst doch Belsatzars Sturheit, seinen Stolz und seinen Trotz!

Ablehnung der Alternative wegen Belsatzars Starrsinn

JULIAN *(nickt):* Er hätte ja die beschmutzten Heiligtümer reinigen lassen und dem fremden Gott ein Opfer darbringen können. Aber er will sich ja gar nicht unterwerfen, sondern hält starrköpfig an seinem Anspruch fest, über diesem Gott zu stehen!

TIM *(aufgewühlt):* Aber können wir denn nicht fliehen?

Alternative II: Flucht

JULIAN *(besänftigend):* Angenommen, uns allen gelingt mit unseren großen Familien tatsächlich die Flucht. Wohin aber sollen wir gehen? Selbst wenn Belsatzar uns nicht verfolgen lässt: der Gott, der heute die Schriftzeichen an die Wand gemalt hat, wird uns finden, wohin wir auch fliehen.

Ablehnung der Alternative wegen Aussichtslosigkeit des Unterfangens

TIM *(verzweifelt):* Was sollen wir nur tun? Ist dann gar keine Rettung mehr möglich?

ANDREAS *(nach einer Pause, bedächtig):* Der König geht so oder so unter, er ist nicht mehr zu retten. Alle Macht ist vergänglich, und die Macht Belsatzars ist heute Nacht unwiderruflich zerstört worden. Dabei hat er selbst Schuld an dem, was geschehen ist, denn er hat in seiner Überheblichkeit und Verblendung einen unverzeihlichen Frevel begangen. Mit ihm zu reden ist sinnlos, fliehen können wir auch nicht. Wenn wir es aber auf uns nehmen, den König zu töten, wird diese mächtige Gottheit vielleicht milde gestimmt und lässt noch einmal Gnade vor Recht ergehen.

Schluss

Fazit und Entschluss

Vergänglichkeit der Macht, Machtverlust, schuldhafter Frevel; Zusammenfassende Begründung für die Tötung Belsatzars; Entscheidung, den König zu töten

TIM: Aber wie sollen wir an Belsatzar herankommen? Er wird streng bewacht!

ANDREAS *(entschlossen):* Felix, der Hauptmann der Palastwachen, ist ein guter Freund. Mit seiner Hilfe dürfte es uns nicht schwerfallen, mit Messern bewaffnet unerkannt bis vor den König zu gelangen.

JULIAN *(mit Nachdruck):* Dann also ist es beschlossen: Belsatzar sterbe durch unsere Hände!

Sie reichen einander feierlich die rechte Hand zum Treueschwur.

Treueschwur

ANDREAS: Dann sind wir uns einig! Kommt jetzt! Was geschehen muss, wollen wir nicht länger aufschieben!

Die drei bewaffnen sich mit Messern, die sie sorgfältig unter ihren Umhängen verbergen, und verlassen raschen Schritts die Vorratskammer.

Aufbruch der fünf Knechte

Bewertung

In der folgenden Tabelle sind die wichtigsten Kriterien zur Beurteilung deiner Arbeit aufgelistet. Sieh dir diese Kriterien genau an und untersuche, ob du sie in deiner Klassenarbeit immer (+), meistens (O) oder selten/nie (–) berücksichtigt hast. Weise dir die vorgegebenen Punkte zu.

Aspekte	Kriterium	+	O	–
SPRACHE UND FORM		**2 P.**	**1 P.**	**0 P.**
Tempus	Die Knechte sprechen im Präsens, schildern die Ereignisse im Königssaal im Perfekt; andere Tempora bilden eine Ausnahme.	☐	☐	☐
Stil	Neben Aussagesätzen verwendest du auch Frage- und Ausrufesätze. Unvollständige Sätze können vorkommen.	☐	☐	☐
Gespräch	Die Figuren gehen in ihren Redebeiträgen aufeinander ein.	☐	☐	☐
Regieanweisungen	Du verwendest Regieanweisungen.	☐	☐	☐
Rechtschreibung	Rechtschreibung und Zeichensetzung sind korrekt.	☐	☐	☐
INTERPRETATION		**2 P.**	**1 P.**	**0 P.**
König	Die Charakterisierung des Königs in deinem Gespräch stimmt mit seiner Darstellung in der Ballade überein.	☐	☐	☐
Knechte	Die Aussagen der Knechte in deinem Gespräch entsprechen ihrem Benehmen in der Ballade.	☐	☐	☐
AUFBAU		**1 P.**	**0,5 P.**	**0 P.**
Gliederung	• Dein Text knüpft unmittelbar an den Balladentext an (Gesprächseröffnung), das Gesprächsende beinhaltet den Entschluss zur Tötung Belsatzars. • Dein Text besitzt eine Spannungskurve mit Höhepunkt.	☐	☐	☐
INHALT		**1 P.**	**0,5 P.**	**0 P.**
	Formale Vorgaben: drei Knechte, Vorratskammer, nach dem Scheitern der Magier	☐	☐	☐

Aspekte INHALT	Kriterium	+ 1 P.	○ 0,5 P.	– 0 P.
	Gesprächseröffnung: Anknüpfung an die Balladenhandlung	☐	☐	☐
	Belsatzars Sturheit, Stolz, Trotz; Schuld: Gotteslästerung, Frevel	☐	☐	☐
	Knechte: Abhängigkeit vom König; Mitschuld: Aufwiegelung des Königs	☐	☐	☐
	Flammenschrift als Mahnung Gottes	☐	☐	☐
	Einwand gegen die Tötung des Königs: Treueschwur, Abhängigkeit von ihm	☐	☐	☐
	Alternativen zur Tötung des Königs (z. B. Buße Belsatzars, Flucht); Ablehnung der Alternativen (z. B. Belsatzars Starrsinn, Aussichtslosigkeit des Unterfangens)	☐	☐	☐
	Zentrale Deutungsansätze der Ballade: Vergänglichkeit der Macht, Machtverlust, schuldhafter Frevel	☐	☐	☐
	Gesprächsende: Entschluss, den König zu töten; Treueschwur	☐	☐	☐
	Erreichte Punkte in den Kategorien (+, ○, –)			
	Deine Gesamtpunktzahl (max. 24 Punkte)			

	++	+	○	–
Punkte	24–21	20–14	13–10	≤ 9

Klassenarbeit 8
Schriftlich argumentieren

Aufgabe

Dein Handy ist schon acht Jahre alt. Es handelt sich um das ausgediente Gerät deiner Eltern, das ziemlich groß und schwer ist, mit dem man nur telefonieren und Kurznachrichten (SMS) verschicken kann und dessen Akku nur noch einen halben Tag lang hält. Du wünschst dir deshalb schon lange ein neues Handy, am liebsten ein Smartphone.
Deine zahlreichen Versuche, das Thema bei deinen Eltern anzusprechen, sind gescheitert, weshalb du deine Gedanken in einem Brief zusammenfasst, um deine Eltern davon zu überzeugen, dir ein Smartphone zu kaufen.
Verfasse diesen Brief an deine Eltern.

Anmerkung

Auch dein Fotoapparat und dein MP3-Player sind schon ziemlich alt, weshalb du dir wünschst, dass auch diese Geräte in Kürze ersetzt werden.

ca. 90 Minuten

Lösungsvorschlag

Eine Auflistung der wichtigsten Merkmale einer Argumentation findest du im Kapitel „Übersicht über die Aufsatzformen" vorne im Buch (S. 4 ff.).

Die Aufgabenstellung erschließen

- In der Aufgabenstellung werden die Art deines Textes sowie der Empfänger ausdrücklich vorgegeben, weshalb der Stil einerseits sachlich und objektiv (Brief), andererseits persönlich sein muss (Empfänger sind deine Eltern).
- Ein Brief besitzt eine feste Form, die du beachten musst; nähere Angaben dazu findest du unter der Überschrift „Tipps für deinen Aufsatz – Aufbau".
- Der Brief soll deine Eltern „überzeugen", weshalb er in Form einer linearen (steigernden) Erörterung verfasst sein muss.

Zeiteinteilung

- 40 Min. für Vorarbeiten:
  - 10 Min. für die Stoffsammlung
  - 30 Min. für die Ordnung der Stoffsammlung (Dezimalklassifikation), Entfaltung der Argumente (These, Argument, Beispiel), steigernde Anordnung
- 40 Min. für die Niederschrift
- 10 Min. für Verbesserungen

Tipps für deinen Aufsatz

Vorgehensweise:
- Mache dir zunächst klar, was genau die Aufgabenstellung von dir verlangt.
- Lege eine Stoffsammlung mit Argumenten für die These an, dass du ein Smartphone benötigst. Suche anschließend für jedes Argument ein glaubwürdiges und einleuchtendes Beispiel und lege die Reihenfolge der Argumente so fest, dass das wichtigste Argument am Schluss, das schwächste am Anfang steht. Streiche wenig überzeugende Argumente aus.
- Schreibe eine lineare Erörterung in Form eines Briefs.
- Korrigiere deinen Aufsatz inhaltlich. Achte auch auf Rechtschreib-, Zeichensetzungs-, Grammatik- und Ausdrucksfehler.

Merkmale eines Briefs:

- Briefkopf: Nenne Ort, Datum, Absender und Empfänger. Da dieser Brief an deine Eltern gerichtet und damit persönlich gehalten ist, können Absender und Empfänger hier fehlen.
- Betreff und Anrede: Gib das zentrale Thema des Briefs unterhalb des Briefkopfs an (Betreff) und leite deinen Text durch eine höfliche Begrüßung ein (Anrede).
- Schreibe den Brief, indem du dem *Schreibplan* (siehe unten) folgst.
- Grußformel und Unterschrift: Beende den Brief mit einer passenden Grußformel und unterschreibe ihn.

Sprache:

- Schreibe im Präsens, verwende für die Vorzeitigkeit Perfekt.

Schreibplan

Einleitung

Die Einleitung folgt unmittelbar auf die Anrede (siehe oben: Merkmale eines Briefs).

- Anknüpfung an die Gespräche, die du laut Aufgabenstellung bereits mit deinen Eltern über ein neues Handy geführt hast
- Formulierung deiner Bitte, ein neues Handy zu bekommen

Hauptteil – Argumentation

Entfalte deine Argumentation. Die Qualität deines Textes ist inhaltlich vor allem davon abhängig, ob du zahlreiche überzeugende Argumente gefunden hast, deine Beispiele zu den Argumenten passen, deine Gedanken schlüssig aufgebaut sind und das überzeugendste Argument zuletzt genannt wird.

1. Argument: Smartphone bietet mehr Nutzungsmöglichkeiten
   - Begründung: Touchscreen zur leichteren Bedienung, Fotofunktion als Gedächtnisstütze, MP3-Player integriert, erweiterbare Funktionen durch Apps
   - Beispiel: Fotofunktion wäre in Buchhandlung sinnvoll gewesen, Apps ermöglichen Zusatzfunktionen wie das Scannen des Barcodes, z. B. auf einem Buch
2. Argument: trotz Neuanschaffung ist Geldsparen möglich
   - Begründung: Fotoapparat, MP3-Player und mobile Spielkonsole in neuem Handy integriert
   - Beispiel: alter Fotoapparat, MP3-Player und mobile Spielkonsole müssen bald ersetzt werden, bei einem Smartphone keine Neuanschaffung nötig

3. Argument: für die berufliche Zukunft ist es wichtig, sich mit Computern auszukennen; Smartphones sind Minicomputer
   - Begründung: Ohne fundierte Computerkenntnisse bekommt man schon jetzt kaum noch einen guten Arbeitsplatz, in Zukunft wird sich dies noch verstärken.
   - Beispiel: In Papas Firma werden nur noch Mitarbeiter eingestellt, die sich gut mit Computern auskennen.
4. Argument: neues Handy hat weniger gesundheitliche Risiken
   - Begründung: neue Geräte sind strahlungsarm
   - Beispiel: Handystrahlung kann gesundheitliche Beeinträchtigungen wie Kopfschmerzen oder Konzentrationsschwierigkeiten hervorrufen
5. Argument: altes Handy als Sicherheitsrisiko (Akku defekt)
   - Begründung: Akku des alten Handys hält nur noch kurz
   - Beispiel: Gefahr, dass Handy im Notfall nicht funktioniert

Schluss

- Zusammenfassung der Argumente
- Schlusswendung, Grußformel

Musterlösung:

Berlin, den 22. 3. 2016	*Formaler Aufbau:* Ort, Datum
Mein Wunsch, ein Smartphone zu bekommen	Betreff
Liebe Eltern,	Anrede
schon mehrfach habe ich euch darauf hingewiesen, dass es nur noch eine Frage der Zeit ist, bis mein Handy nicht mehr funktioniert, weshalb ich ein neues benötige, und zwar am liebsten ein Smartphone. Da meine Versuche, das Thema mit euch zu besprechen, bislang erfolglos geblieben sind, habe ich meine Gedanken schriftlich zusammengefasst und geordnet, damit ihr auf dieser Grundlage noch einmal über meine Bitte nachdenken könnt.	**Einleitung** *These, Anlass*
Zunächst einmal würde mir ein Smartphone wesentlich mehr Nutzungsmöglichkeiten eröffnen als mein altes Handy, da es über einen Fotoapparat sowie einen MP3-Player verfügen würde, weil man viele Spiele darauf spielen könnte und ich über Apps weitere wichtige Funktionen hinzufügen könnte.	**Hauptteil** *1. Argument:* mehr Nutzungsmöglichkeiten

Ein Smartphone kann man leichter und schneller bedienen als ein Handy mit einer Tastatur, Fotos und Videos können besser abgebildet werden als auf einem konventionellen Handy, weil der Bildschirm viel größer ist.

Begründung: einfachere Bedienung

Beispiel: Fotos, Videos

Auch einen Fotoapparat sollte ein Handy heutzutage eingebaut haben, weil es immer wieder Situationen gibt, in denen ein Foto z. B. als Gedächtnisstütze wichtig sein kann. Neulich war ich beispielsweise mit Stefan in der Stadt unterwegs und habe in der Buchhandlung beim Schmökern ein interessantes Buch entdeckt, das mir im Moment zu teuer war. Weil keine Verkäuferin in der Nähe war und Stefan weitergehen wollte, habe ich mir den Titel nicht aufgeschrieben. Als ich wieder zu Hause war, hatte ich ihn längst vergessen, was wirklich schade ist. Hätte ich ein Smartphone gehabt, hätte ich das Buch einfach fotografieren können und würde nun den Titel kennen. Finn hat auf seinem Smartphone zudem eine App, mit der er den Barcode z. B. von Büchern abfotografieren kann und die anschließend Verfasser und Titel des Buches anzeigt. Da ein solcher Fotoapparat zur Standardausstattung eines Smartphones gehört und die erwähnte App kostenlos erhältlich ist, müsste ich mir nicht zusätzlich einen neuen Fotoapparat kaufen.

Begründung: Fotofunktion

Beispiel: Gedächtnisstütze

Begründung: erweiterbare Funktionen

Beispiel: Bücher-App

Sinnvoll wäre die Anschaffung eines Smartphones ferner deshalb, weil Smartphones einen MP3-Player eingebaut haben und weil man darauf Spiele spielen kann. Zwar besitze ich bereits einen MP3-Player und eine portable Spielkonsole, doch hat der MP3-Player so wenig Speicherplatz, dass längst nicht mehr alle meine Lieder darauf Platz finden, und die Spielkonsole ist so alt, dass man keine neuen Spiele dafür kaufen kann. Da alle Smartphones einen MP3-Player integriert haben und sich auf Smartphones Spiele aus dem Internet herunterladen lassen, würde ich mit einem solchen Gerät zwei Fliegen mit einer Klappe schlagen: Ich hätte nicht nur ein neues Handy, sondern auch gleich einen neuen MP3-Player mit großem Speicher und eine moderne portable Spielkonsole. Außerdem müsste ich nicht mehrere Geräte in die Schule und in den Urlaub mitnehmen, sondern nur eines.

2. Argument: Geldsparen trotz Neuanschaffung

Begründung: MP3-Player, Spielkonsole integriert

Beispiel: Smartphone ersetzt mehrere Geräte

Durch die tägliche Nutzung eines Smartphones würde ich zudem meine Computerkenntnisse verbessern – schließlich betont ihr immer wieder, dass Smartphones kleine Computer sind. Und dass es schon heute sehr schwer ist, ohne fundierte Computerkenntnisse einen guten Arbeitsplatz zu bekommen, ist inzwischen ebenso allgemein bekannt wie die Vermutung, dass sich diese Tendenz in Zukunft noch verstärken wird. Erst in der vergangenen Woche hat Papa beim Abendessen gesagt, dass in seiner Firma nur noch Mitarbeiter eingestellt würden, die gut mit Computern umgehen können. Wenn ich ein Smartphone hätte, würde ich eine Technologie benutzen, die einmal wichtig für meine berufliche Zukunft werden könnte.

3. Argument: spielerischer Umgang mit zukunftsweisender Computertechnologie

Begründung: Smartphone als Minicomputer

Beispiel: Computerkenntnisse sind Einstellungsvoraussetzung

Wichtiger aber als die Möglichkeit, mit einem Smartphone Fotos zu machen, Musik anzuhören, Spiele zu spielen oder spielerisch den Umgang mit Computern einzuüben, wäre aber, dass man ein Modell aussuchen kann, das weniger Strahlung als mein altes Handy abgibt, weil das meiner Gesundheit zugutekommen würde. Auch wenn im Moment noch niemand sagen kann, wie schädlich Handystrahlung ist, wird doch allgemein dazu geraten, ein Mobiltelefon mit einem möglichst geringen Strahlungswert (SAR-Wert) zu benutzen. Es soll nämlich Menschen geben, die durch eine ausgiebige Handynutzung starke Kopfschmerzen bekommen oder Probleme haben, sich zu konzentrieren. Wenn ihr mir ein Smartphone kaufen würdet, das einen geringen Strahlungswert besitzt, würde dies die Gefahr verringern, dass mich die Handystrahlung krank macht.

4. Argument: neues Handy ist besser für die Gesundheit

Begründung: weniger Strahlung

Beispiel

Entscheidend ist jedoch, dass mein altes, bereits acht Jahre altes Handy ein Sicherheitsrisiko für mich darstellt, weil der Akku inzwischen so schwach ist, dass er nur einen halben Tag geladen bleibt. Vielleicht erinnert ihr euch daran, dass ihr neulich mit mir geschimpft habt, weil ihr mich nicht auf dem Handy erreichen konntet. An diesem Tag war mein Akku leer, obwohl ich ihn am Tag zuvor geladen hatte. Das zeigt, dass das Handy in einer Notsituation ausfallen kann. Deshalb benötige ich auf jeden Fall einen neuen Akku, der aber beinahe so teuer wie ein neues Handy ist. Es ist daher sinnvoller,

5. Argument: altes Handy als Sicherheitsrisiko

Begründung: Akku ist defekt

Beispiel

direkt ein Smartphone zu kaufen, bei dem das ganze Gerät neu ist und nicht nur der Akku, und das mir überdies zahlreiche Funktionen bietet, die ein herkömmliches Handy nicht hat.

Zusammenfassend lässt sich somit sagen, dass ich in absehbarer Zeit ohnehin ein neues Handy benötige, wenn ihr wollt, dass ich in Gefahrensituationen Hilfe für mich oder andere Menschen holen kann. Bei einem Smartphone ist die von mir gewünschte Ausstattung ohnehin standardmäßig in dem Gerät integriert. Auf diese Weise könnte ich das Handy immer bei mir tragen, würde meine Gesundheit durch einen geringeren Strahlungswert weniger belasten, müsste mir in absehbarer Zeit keinen neuen Fotoapparat und MP3-Player und keine neue portable Spielkonsole kaufen und würde durch den alltäglichen Umgang mit einem Minicomputer meine Medienkompetenz schulen.

Zusammenfassung der Argumente

In der Hoffnung, dass ihr mir meinen Wunsch erfüllen werdet, grüßt euch

Schlusswendung, Grußformel

euer Sohn Max

Bewertung

In der folgenden Tabelle sind die wichtigsten Kriterien zur Beurteilung deiner Arbeit aufgelistet. Sieh dir diese Kriterien genau an und untersuche, ob du sie in deiner Klassenarbeit immer (+), meistens (O) oder selten/nie (–) berücksichtigt hast. Weise dir die vorgegebenen Punkte zu.

Aspekte	Kriterium	+	O	–
SPRACHE UND FORM		**2 P.**	**1 P.**	**0 P.**
Tempus	Du verwendest Präsens (Vorzeitigkeit: Perfekt).	☐	☐	☐
Stil	Du schreibst sowohl sachlich und objektiv als auch persönlich.	☐	☐	☐
Satzbau	• Der Satzbau ist grammatisch korrekt. • Deine Sätze sind übersichtlich und gut verständlich. • Du verbindest deine Sätze miteinander durch Konjunktionen.	☐	☐	☐
Recht-schreibung	Rechtschreibung und Zeichensetzung sind korrekt.	☐	☐	☐
ARGUMENTATION		**2 P.**	**1 P.**	**0 P.**
Logik	Dein Text weist keine Widersprüche oder Lücken auf.	☐	☐	☐
Argumente	Deine Argumente sind überzeugend.	☐	☐	☐
Beispiele	Die Beispiele passen zu den Argumenten.	☐	☐	☐
AUFBAU		**1 P.**	**0,5 P.**	**0 P.**
Gliederung	Dein Text ist übersichtlich und sinnvoll in Einleitung, Hauptteil und Schluss gegliedert.	☐	☐	☐
Steigerung	Deine Argumente sind steigernd angeordnet.	☐	☐	☐
INHALT		**1 P.**	**0,5 P.**	**0 P.**
	Formale Vorgaben beim Brief: Ort, Datum, Betreff, Anrede	☐	☐	☐
	Einleitung: Bezugnahme auf vorherige Gespräche, Formulierung der Bitte	☐	☐	☐
	Smartphone bietet mehr Nutzungsmöglichkeiten: Fotoapparat, MP3-Player, Spiele, andere Apps etc.	☐	☐	☐

Aspekte INHALT	Kriterium	+ 1 P.	O 0,5 P.	– 0 P.
	Smartphone erspart Kauf eines neuen Fotoapparats, MP3-Players, einer neuen portablen Spielkonsole	☐	☐	☐
	Nutzung eines Smartphones als täglicher Umgang mit Minicomputer, was für die berufliche Zukunft wichtig werden könnte	☐	☐	☐
	Smartphone hat weniger gesundheitliche Risiken (Strahlung)	☐	☐	☐
	Smartphone ist sicherer als das alte Handy: intakter Akku (Notsituation)	☐	☐	☐
	Schluss: Zusammenfassung der Argumente; Schlusswendung, Grußformel	☐	☐	☐
	Erreichte Punkte in den Kategorien (+, O, –)			
	Deine Gesamtpunktzahl (max. 24 Punkte)			

	++	+	O	–
Punkte	24–21	20–14	13–10	≤ 9

Grundwissen

1 Konjunktiv I

Funktion

Der Konjunktiv I wird vor allem in der *indirekten Rede* (siehe Test 3) gebraucht, um auszudrücken, dass die Aussage einer anderen Person wiedergegeben wird, deren Inhalt *objektiv* nicht wahr sein muss (Möglichkeitsform):

Peter sagt, er fahre täglich 100 Kilometer mit dem Fahrrad.

Der Sprecher drückt mit der Konjunktiv I-Form „fahre" des Verbs „fahren" eine Distanz zur Behauptung Peters aus.

Formbildung

Person	Verbform (Konjunktiv I, Präsens)	Endung
1. Singular (ich)	*fahr – e*	*– e*
2. Singular (du)	*fahr – est*	*– est*
3. Singular (er, sie, es)	*fahr – e*	*– e*
1. Plural (wir)	*fahr – en*	*– en*
2. Plural (ihr)	*fahr – et*	*– et*
3. Plural (sie)	*fahr – en*	*– en*

Futur I: Konjunktiv I von „werden" + Infinitiv:

Peter sagt, er werde morgen 150 Kilometer mit dem Fahrrad fahren.

Perfekt: Konjunktiv I von „sein" + Partizip Perfekt:

Peter sagt, er sei gestern 150 Kilometer mit dem Fahrrad gefahren.

In der 1. Person Singular sowie der 1. Person Plural und der 3. Person Plural sind die Endungen im Indikativ (Wirklichkeitsform) und im Konjunktiv I immer gleich, weshalb hier Indikativ und Konjunktiv nicht zu unterscheiden sind (z. B.: die Formen „ich fahre", „wir fahren" und „sie fahren" können sowohl Indikativ als auch Konjunktiv I sein).

Wenn der Konjunktiv I nicht vom Indikativ unterschieden werden kann, wird der Konjunktiv II verwendet.

2 Konjunktiv II

Funktion

a) Der Konjunktiv II wird vor allem in der *indirekten Rede* (Test 3) statt des Konjunktivs I gebraucht, wenn der Konjunktiv I nicht vom Indikativ zu unterscheiden ist. Dies ist in der 1. Person Singular sowie der 1. Person Plural und der 3. Person Plural der Fall (vgl. S. 145):

> Peter und Frank sagen, sie <u>fahren</u> alle zwei Wochen zum Baden ans Mittelmeer.

Da die Form „fahren" (3. Person Plural) sowohl den Indikativ als auch Konjunktiv I darstellen kann, wird der Konjunktiv II verwendet, um auszudrücken, dass Peters und Franks Aussage objektiv nicht wahr sein muss (Möglichkeitsform):

> Peter und Frank sagen, sie <u>führen</u> alle zwei Wochen zum Baden ans Mittelmeer.

Der Sprecher drückt mit der Konjunktiv II-Form „führen" des Verbs „fahren" eine Distanz zur Behauptung Peters und Franks aus.

b) Darüber hinaus wird der Konjunktiv II verwendet, wenn über etwas gesprochen wird, das nicht wirklich passiert ist, derzeit passiert oder in der Zukunft passieren wird (Irrealis):

> Wenn du gut <u>aufgepasst</u> <u>hättest</u>, <u>wäre</u> dir dein Handy nicht auf den Boden <u>gefallen</u>!

Man benutzt den Konjunktiv II auch, wenn über etwas gesprochen wird, das möglich ist, z. B. über Wünsche oder Vermutungen (Potentialis):

> Es <u>wäre</u> schön, wenn du einmal gut <u>aufpasstest</u>!

Formbildung

Der Konjunktiv II wird aus dem Stamm des Präteritums und der Konjunktivendung gebildet.
Bei den *schwachen Verben* gibt es im Präteritum *keine* Änderung im Wortstamm (Beispiel: „ich wein-e" (Präsens) – „ich wein-te": der Wortstamm „wein" bleibt gleich), die Endungen beginnen alle mit einem „(e)t":

Person	**Verbform (Konjunktiv II, Präsens)**	**Endung**
1. Singular (ich)	*wein – te*	*– (e)te*
2. Singular (du)	*wein – test*	*– (e)test*
3. Singular (er, sie, es)	*wein – te*	*– (e)te*
1. Plural (wir)	*wein – ten*	*– (e)ten*
2. Plural (ihr)	*wein – tet*	*– (e)tet*
3. Plural (sie)	*wein – ten*	*– (e)ten*

Bei den *starken Verben* gibt es im Präteritum eine *Änderung im Wortstamm* (Beispiel: „ich rufe" (Präsens) – „ich rief"), den Endungen fehlt das „(e)t" der schwachen Verben:

Person	**Verbform (Konjunktiv II, Präsens)**	**Endung**
1. Singular (ich)	*führ – e*	*– e*
2. Singular (du)	*führ – est*	*– est*
3. Singular (er, sie, es)	*führ – e*	*– e*
1. Plural (wir)	*führ – en*	*– en*
2. Plural (ihr)	*führ – et*	*– et*
3. Plural (sie)	*führ – en*	*– en*

Futur I: Konjunktiv II von „werden" + Infinitiv:

Peter sagt, wir würden morgen 250 Kilometer mit dem Fahrrad fahren.

Perfekt: Konjunktiv II von „haben" oder „sein" + Partizip Perfekt:

- Peter sagt, sie hätten sich zwei Fahrräder mit 200 Gängen gekauft.
- Peter sagt, sie wären gestern 250 Kilometer mit dem Fahrrad gefahren, wenn sie keine Panne gehabt hätten.

Manchmal hat der Konjunktiv II die gleiche Form wie der Indikativ Präteritum, z. B. „sie gingen". In diesem Fall benutzt man den Infinitiv mit „würde", also z. B. „sie würden gehen".

3 Modalverben

Es gibt sechs Modalverben: *dürfen, können, mögen, müssen, sollen* und *wollen*. Sie drücken aus, ob ein Sprecher das Gesagte für denkbar, fragwürdig oder unwahr hält. Modalverben werden deshalb unter anderem dazu verwendet, die Rede einer anderen Person wiederzugeben (*indirekte Rede*, Test 3) und die Einstellung des Sprechers zum Gesagten darzustellen.

- In dem Satz

  Es kann doch nicht so schwer sein, gegen diese Mannschaft ein Tor zu schießen!

  hält der Sprecher es für wahrscheinlich, dass ein Tor gegen die gegnerische Mannschaft gelingen kann.

- Der Satz

  Peter soll schon einmal mit Michael Ballack gesprochen haben!

  gibt die Äußerung einer anderen Person über Peter wieder, die der Sprecher für fragwürdig, aber nicht gänzlich ausgeschlossen hält.

- Die Aussage

  Holger will in einem einzigen Spiel acht Elfmeter gehalten haben!

  gibt eine Bemerkung Holgers wieder, die der Sprecher für unglaubwürdig hält.

4 Adverbiale

Adverbialien (oder adverbiale Bestimmungen) sind Satzglieder, die die *Umstände* (vor allem die Zeit, den Ort, den Grund) oder die *Art und Weise* eines Geschehens angeben. Sie können aus einem *Adverb*, einem *Adjektiv* oder einer *Wortgruppe* bestehen:

- Heute haben wir in Physik ein Experiment gemacht. (Adverb)
- Geduldig wartete Herr Müller auf den nächsten Bus. (Adjektiv)
- Eine öffentliche Toilette befindet sich vor dem Rathaus. (Wortgruppe)

Folgende Arten von Adverbialien kommen am häufigsten vor:

Bezeichnung	Frage	Beispiel
Lokal (Ort)	Wo? Wohin? Woher?	*Daher weht der Wind!*
Temporal (Zeit)	Wann? Wie lange? Seit wann?	*Am Abend fuhr das Schiff ab.*
Kausal (Grund)	Warum? Weshalb?	*Wegen deiner Krümelei müssen wir das Zimmer putzen!*

Konditional (Bedingung)	Unter welcher Bedingung/Voraussetzung?	*Bei starkem Wind müssen die Windräder abgeschaltet werden.*
Final (Zweck)	Wozu? Zu welchem Zweck?	*Zur raschen Fertigstellung arbeiten drei Teams gleichzeitig.*
Modal (Art und Weise)	Wie? Auf welche Weise? Womit?	*Anna konnte den Fluss mit großen Schritten durchqueren.*
Konzessiv (Einräumung)	Trotz wessen? Trotz welcher Umstände?	*Trotz des schlechten Wetters wird auch im Herbst weitergearbeitet.*

5 Adverbialsatz

Adverbialsätze sind Nebensätze, die dieselbe Funktion haben wie Adverbialien: sie geben die Umstände oder die Art und Weise eines Geschehens an. Wie bei den Adverbialien gibt es verschiedene Arten des Adverbialsatzes:

Bezeichnung	**Frage**	**Beispiel**
Lokal (Ort)	Wo? Wohin? Woher?	*Jetzt weiß ich, woher der Wind weht.*
Temporal (Zeit)	Wann? Wie lange? Seit wann?	*Das Schiff fuhr ab, als es Abend wurde.*
Kausal (Grund)	Warum? Weshalb?	*Wir müssen das Zimmer putzen, weil du gekrümelt hast!*
Konditional (Bedingung)	Unter welcher Bedingung / Voraussetzung?	*Die Windräder müssen abgeschaltet werden, wenn der Wind zu stark wird.*
Final (Zweck)	Wozu? Zu welchem Zweck?	*Damit das Haus schnell fertig wird, arbeiten drei Teams gleichzeitig.*
Modal (Art und Weise)	Wie? Auf welche Weise? Womit?	*Anna konnte den Fluss durchqueren, indem sie große Schritte machte.*
Konzessiv (Einräumung)	Trotz wessen? Trotz welcher Umstände?	*Auch im Herbst wird weitergearbeitet, obwohl das Wetter schlecht ist.*

Adverbialsätze lassen sich in Adverbialien umformen. Beispiel:

- Das Schiff fuhr ab, als es Abend wurde. (Adverbialsatz)
- Am Abend fuhr das Schiff ab. (Adverbiale)